AF560992

Gugelhupf Backbuch

Die leckersten Mini-Kuchen Rezepte für den Gugelhupf-Maker für jeden Anlass

Charlotte Feldmann

Alle Ratschläge in diesem Buch wurden vom Autor und vom Verlag sorgfältig erwogen und geprüft. Eine Garantie kann dennoch nicht übernommen werden. Eine Haftung des Autors beziehungsweise des Verlags für jegliche Personen-, Sach- und Vermögensschäden ist daher ausgeschlossen.

Copyright © 2023
Email: info@edition-lunerion.de
www.edition-lunerion.de

Alle Rechte, insbesondere das Recht der Vervielfältigung und Verbreitung der Übersetzung, vorbehalten. Kein Teil des Werkes darf in irgendeiner Form (durch Fotokopie, Mikrofilm oder ein anderes Verfahren) ohne schriftliche Genehmigung des Verlages reproduziert oder unter Verwendung elektronischer Systeme gespeichert, verarbeitet, vervielfältigt oder verbreitet werden.

Psiana eCom UG
Berumer Str. 44
26844 Jemgum

Vorwort

Sie sind klein, bestechen mit hübschem Erscheinungsbild, überraschen mit grenzenloser Vielfalt, sind in Windeseile zubereitet und schmecken unverschämt lecker: Mini-Guglhupfe punkten mit zahlreichen Vorteilen und haben das Zeug dazu, schon bald der neue Star in Ihrer Küche zu werden. Im Guglhupf-Maker gelingen Sie auf den Punkt und überzeugen damit nicht nur durch Geschmack, sondern sind der ideale Snack in Bürostress, Familientrubel und Alltagschaos. Die sorgfältig ausgewählten Rezepte zeigen Ihnen eine ungeahnte Vielfalt an Geschmacksmöglichkeiten, die Sie im Nu auf den Teller zaubern: Von Himbeere, Nuss und Piña-Colada über Röstzwiebel-Feta und Paprika-Zucchini bis hin zu Low-Carb-Protein-Erdbeer oder Buntes-Glitzer kommen die kleinen Köstlichkeiten in unterschiedlichstem Gewand daher und geben den perfekten Leckerbissen für jede Gelegenheit ab. Naschkatzen und Schokofreaks kommen hier genauso auf ihre Kosten wie Gesundheitsbewusste und Veganer, darüber hinaus bieten Rezeptideen für Pikantes, mit „Schuss", ohne Gluten oder mit tollen Kinder-Deko-Ideen reichlich Auswahl für jeden Geschmack. Dank einfach nachzubackender Schritt-für-Schritt-Rezepte sowie Tipps und Tricks rund um Maker, Zubereitung und Reinigung klappt auch bei Ungeübten das erste Kunstwerk auf Anhieb und sorgt für einzigartige „Hmmmmm!"-Momente.

Guten Appetit!

Wissenswertes

Es duftet nach frischem Gebäck und innerhalb weniger Minuten haben Sie kleine, unwiderstehliche Küchlein für zwischendurch oder zu besonderen Anlässen vor sich stehen. Mit einem Gugelhupf-Maker zaubern Sie super leckere Mini-Kuchen, ohne großen Aufwand in den unterschiedlichsten Variationen. Die niedlichen Mini-Gugel laden gerade dazu ein, vernascht zu werden, und sind ein echter Suchtfaktor!

In diesem Rezeptbuch finden sich 90 Mini-Gugelhupf-Rezepte für den Gugelhupf-Maker. Von fruchtigen und süßen Küchlein über Nusskuchen bis hin zu gesunden und herzhaften Rezepten ist alles dabei. Auch Veganer, Kinder und Allergiker kommen nicht zu kurz. Auch lassen sich so gut wie alle Rezepte allergikerfreundlich umwandeln, das heißt laktosefrei oder glutenfrei zubereiten, indem die entsprechenden Zutaten ausgetauscht werden. Zu Letzterem findet sich auch ein eigenes Kapitel. So hat garantiert jeder Spaß am Backen und findet seine Lieblings-Mini-Gugel!

Um Mini-Gugelhupfe ganz einfach und schnell backen zu können, benötigen Sie lediglich einen Gugelhupf-Maker. Dieser ist von der Optik und Funktionsweise her mit einem Waffeleisen oder einem Donut-Maker vergleichbar, heraus kommen jedoch kleine Mini-Küchlein.

TIPPS UND TRICKS

Infos und Tipps für Ihren Kauf:

Üblicherweise umfasst der klassische Gugelhupf-Maker 6 Mulden, es können pro Backdurchgang also 6 Mini-Gugel gebacken werden. Sein Material besteht im Regelfall aus Kunststoff und Metall. Preislich liegt ein Gugelhupf-Maker zwischen 35 € und 45 €. Beim Kauf sollten Sie auf Folgendes achten:

- Antihaftbeschichtete Backplatten, wodurch auch eine leichte Reinigung garantiert ist,
- ein hitzebeständiges Gehäuse und ein hitzebeständiger Griff sowie Überhitzungsschutz,
- eine Leistung von 900 Watt,
- Anti-Rutsch-Füße für einen sicheren und festen Stand.

Nützlich ist auch eine automatische Temperatur-Regelung und eine Kontrollleuchte, also eine Backampel, die Ihnen anzeigt, wann die Gugel fertig gebacken sind. Im Schnitt brauchen sie 7 Minuten, in jedem Fall sollten Sie aber eine Stäbchenprobe machen, da jeder Teig anders ist, es also durchaus ein paar Minuten mehr oder weniger sein können. Trotz der Antihaftbeschichtung kann ein vorheriges Einfetten (und ein Bestäuben mit Mehl) insbesondere bei klebrigen Teigen hilfreich sein. Sie werden aber schnell merken, ob dies nötig ist oder ob sich die Gugelhupfe auch so leicht herauslösen lassen. Hierbei kann es auch helfen, die Kuchen nach dem Backen 5-10 Minuten in der Form abkühlen zu lassen – das ist angesichts der Größe der Gugel vollkommen ausreichend – und dann erst herauszunehmen.

Noch ein paar wenige Anmerkungen zum Backen selbst:

Befüllen Sie die Formen immer nur zu ⅔ mit Teig, da die Küchlein sich beim Backen noch deutlich ausdehnen. Damit nichts danebengeht, können Sie den Teig nach der Zubereitung in einen Spritzbeutel füllen und so die Mulden befüllen.

Wenn Sie ein Rezept zubereiten, bei dem die Mini-Gugel mit einer Glasur überzogen werden, können Sie die Kuchen auch in die Schale mit der Glasur eintunken. So sparen Sie sich Zeit, wenn Sie die Gugelhupfe nicht mit einem Messer einstreichen müssen, und haben am Ende schön gleichmäßig aussehende Kuchen.

In der angegebenen Zubereitungszeit sind mehrere Backdurchgänge (10 Minuten pro Durchgang) eingerechnet, für den Fall, dass mehr als 6 Mini-Gugel gebacken werden.

Ein fröhliches, kreatives Backen und viel Freude mit diesem Rezeptbuch!

Fruchtige Kuchen

ORANGEN-GUGELHUPFE

12 Port. 25 Min. Leicht

Zutaten

95 ml Orangensaft
Abrieb einer Orange
45 g Zucker
190 g Weizenmehl
1 TL Vanillezucker
85 g weiche Butter
3 Eier
1 TL Backpulver
1 Prise Salz
Etwas Puderzucker für die Dekoration

Nährwerte pro Gugel

146 kcal
18 g Kohlenhydrate
7 g Fett
3 g Eiweiß

1 Eier trennen und Eiweiß steif schlagen. Zucker, Vanillezucker, Butter und Salz vermengen, dann das Eigelb unterrühren. Backpulver und Mehl mischen und nach und nach im Wechsel mit dem Orangensaft und dem -abrieb unter den Teig rühren. Eiweiß unterheben.

2 Teig in die gefettete Form geben und backen.

3 Abgekühlte Kuchen aus der Form lösen und mit Puderzucker bestäuben.

APFEL-QUARK-GUGEL

20 Port. 1 Std. Leicht

Zutaten

Für den Teig:
240 g Magerquark
120 g Zucker
95 g geriebene Äpfel
1 EL Backpulver
110 g Öl
2 Pck. Vanillezucker
290 g Weizenmehl

Für die Dekoration:
40 g Zucker
1 TL Zimt

Nährwerte pro Gugel

138 kcal
19 g Kohlenhydrate
6 g Fett
3 g Eiweiß

1 Öl, Zucker, Quark und Vanillezucker verrühren. Backpulver und Mehl zugeben. Äpfel schälen, grob raspeln und unterheben.

2 Teig in den Gugelhupf-Maker füllen, glatt streichen und backen.

3 Zucker und Zimt vermengen. Küchlein 10 Minuten abkühlen lassen, aus der Form lösen und in der Zucker-Zimt-Mischung wälzen.

HOLUNDER-GUGELHUPFE MIT KIRSCHEN

18 Port.

40 Min.

Leicht

Zutaten

Für den Teig:
190 g Sauerkirschen (entsteint)
140 g Zucker
1 EL Backpulver
4 Eier
190 g Butter
290 g Weizenmehl
95 g Speisestärke
140 g Naturjogurt (3,5 % Fett)
95 ml Holunderblüten-Sirup

Für die Dekoration:
2 Holunderblüten-Dolden
4 EL Kirschnektar
190 g Puderzucker

Nährwerte pro Gugel

269 kcal
41 g Kohlenhydrate
10 g Fett
3 g Eiweiß

1 Kirschen säubern. Zucker mit Butter aufschlagen. Mehl, Backpulver, Eier, Stärke und Joghurt zugeben und gut verrühren. Sirup und Kirschen ebenfalls untermischen.

2 Teig in die Form füllen und backen. Anschließend in der Form abkühlen lassen.

3 Holunderblüten-Dolden säubern, trocken schütteln und Blüten behutsam abzupfen. Nektar mit gesiebtem Puderzucker vermengen, Gugelhupfe aus der Form lösen und damit bestreichen. Mit den Blüten bestreuen.

Tipp: Sie können auch TK-Sauerkirschen oder Kirschen aus dem Glas verwenden und den Holunderblütensirup ganz einfach selber herstellen!

MANGO-GUGELHUPFE MIT KOKOS

12 Port. 25 Min. Leicht

Zutaten

240 g Weizenmehl
2 Eier
Saft einer Limette
1 EL Backpulver
115 g Mango-Joghurt
110 g Puderzucker +
1 TL für die Dekoration
120 g Mango
1-2 TL Guave-Papaya-Tee (Demmers Teehaus)
45 g Kokosflocken

Nährwerte pro Gugel

155 kcal
31 g Kohlenhydrate
2 g Fett
4 g Eiweiß

1 Eier, Joghurt und Limettensaft verrühren. Puderzucker, Mehl und Backpulver mischen und unterheben. Mango mit Tee pürieren und mit den Kokosflocken zugeben.

2 Teig in den Mulden der Form verteilen und backen.

3 Abgekühlte Gugel mit Puderzucker bestreuen.

JOGHURT-APRIKOSEN-GUGEL

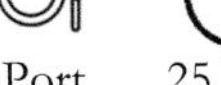

8 Port. 25 Min. Leicht

Zutaten

45 g getrocknete Aprikosen
95 g Zucker
140 g Naturjoghurt (3,5 % Fett)
1 Pck. Vanillezucker
95 g Margarine
95 g Weizenmehl + etwas Mehl für die Form
1 EL Backpulver
2 Eier
½ TL Zitronenabrieb
1 TL Puderzucker für die Dekoration

Nährwerte pro Gugel

202 kcal
28 g Kohlenhydrate
9 g Fett
4 g Eiweiß

1 Aprikosen sehr klein schneiden. Zucker, Vanillezucker, Margarine und Zitronenabrieb verrühren. Eier nacheinander zugeben und unterrühren. Backpulver mit Mehl mischen und zu dem Teig geben. Joghurt und Aprikosenstücke unterheben.

2 Teig in die gefettete und mit Mehl bestäubte Form geben und backen.

3 Gugel etwas abkühlen lassen und mit Puderzucker bestreuen.

HIMBEER-GUGELHUPFE

12 Port. 25 Min. Leicht

Zutaten

140 g weiche Butter
140 g Weizenmehl
180 g TK-Himbeeren
1 TL Backpulver
95 g Zucker
3 Eier
1 EL gesiebter Puderzucker für die Dekoration

Nährwerte pro Gugel

185 kcal
19 g Kohlenhydrate
11 g Fett
3 g Eiweiß

1 Himbeeren auftauen. Zucker und Butter 4 Minuten aufschlagen. Eier nacheinander unterrühren. Backpulver mit Mehl mischen und kurz unterheben. Himbeeren im Sieb abtropfen und unter den Teig heben.

2 Teig in die Form geben und backen.

3 Gugelhupfe aus der Form lösen, eine Weile abkühlen lassen und dann mit Puderzucker bestäuben.

Tipp: Anstelle der Himbeeren eignen sich auch Blaubeeren!

AROMATISCHE GRAPEFRUIT-GUGEL

18 Port.

40 Min.

Leicht

Zutaten

Für den Teig:
160 g Butter
1 TL Backpulver
300 g Weizenmehl
140 g Zucker
1 Grapefruit
3 Eier
1 TL frischer Rosmarin (gehackt)
1 Prise Salz
1 TL Natron
115 ml Buttermilch
1 TL Kardamom (gemahlen)

Für den Guss:
1 ½ EL Vollmilch
110 g Puderzucker
1 TL frischer Grapefruitsaft
2 TL Mascarpone

Außerdem:
Etwas frischer Rosmarin für die Dekoration

Nährwerte pro Gugel

202 kcal
28 g Kohlenhydrate
9 g Fett
3 g Eiweiß

1 Zucker mit Butter aufschlagen. Schale der Grapefruit abreiben und mit Rosmarin untermengen. Eier einzeln unterrühren. Trockene Zutaten mischen und im Wechsel mit 115 ml ausgepresstem Grapefruitsaft und Buttermilch zum Teig geben.

2 Teig in Spritzbeutel geben und in die Mulden der Form spritzen. Anschließend backen.

3 Für den Guss alle Zutaten verrühren und abgekühlte Gugel damit besprenkeln. Mit Rosmarin dekorieren.

BIRNEN-GUGELHUPFE

 8 Port.

 25 Min.

Leicht

Zutaten

230 g reife Birnen
Abrieb einer halben Zitrone
1 EL Akazien-Honig
2 Eier
1 Prise Salz
95 g Dinkel-Vollkornmehl
½ TL Zimt
1 TL Backpulver
45 g gehackte Mandeln

Nährwerte pro Gugel

186 kcal
32 g Kohlenhydrate
5 g Fett
5 g Eiweiß

1 Birnen schälen, Kerne entfernen und mixen. Eier schaumig schlagen und mit Zitronenabrieb, Zimt, Honig und Salz verrühren.

2 Backpulver, Mandeln, Mehl und Birnen untermischen und Teig in den Mulden der Form verteilen. Backen und anschließend abkühlen lassen.

Hinweis für Allergiker: Dieses Rezept enthält Mandeln!

BUTTERMILCH-GUGEL MIT HOLUNDERBEEREN

 12 Port.

 25 Min.

 Leicht

Zutaten

95 g weiche Butter
3 Eier
95 ml Buttermilch
140 g frische Holunderbeeren
190 g Weizenmehl
190 g Zucker
1 Pck. Vanillezucker
1 EL Backpulver
1 TL Puderzucker für die Dekoration

Nährwerte pro Gugel

201 kcal
30 g Kohlenhydrate
8 g Fett
3 g Eiweiß

1 Beeren säubern und abtropfen lassen. Zucker, Vanillezucker und Butter cremig aufschlagen. Eier einzeln unterrühren. Buttermilch zugeben und Mehl mit Backpulver mischen. Mehlmischung und Beeren unter den Teig heben.

2 Teig in die Form geben und backen.

3 Abgekühlte Gugel mit Puderzucker bestreuen.

BROMBEER-QUARK-GUGEL

18 Port.

35 Min.

Leicht

Zutaten

200 g Butter
230 g Quark (20 % Fett)
70 g Speisestärke
160 g Zucker
4 Eiweiß
1 Pck. Vanillezucker
1 Pck. Backpulver
90 g Weizenmehl
Abrieb einer Zitrone
160 g Brombeeren (geviertelt)
1 EL Puderzucker für die Dekoration

Nährwerte pro Gugel

168 kcal
18 g Kohlenhydrate
10 g Fett
3 g Eiweiß

1 Eiweiß steif schlagen. Zucker, Vanillezucker und Butter aufschlagen. Zitronenabrieb und Quark kurz untermischen. Stärke, Mehl und Backpulver vermengen und unter die Masse rühren. Erst den Eischnee, dann die Brombeeren unterheben.

2 Teig in die Form geben und backen.

3 Gugel erkalten lassen und mit Puderzucker bestreut servieren.

Süße Kuchen

SCHOKO-GUGEL

6 Port. 30 Min. Leicht

Zutaten

2 Eier
45 g Zartbitterschokolade
70 g weiche Butter
1 TL Backpulver
85 g Weizenmehl
2 TL Backkakao
65 g Zucker
30 ml Vollmilch
1 TL Puderzucker für die Dekoration

Nährwerte pro Gugel

245 kcal
26 g Kohlenhydrate
14 g Fett
4 g Eiweiß

1 Zucker und Butter verrühren, Eier nacheinander unterrühren. Schokolade grob hacken und im Wasserbad schmelzen. Etwas abkühlen lassen.

2 Kakao, Mehl und Backpulver vermengen und mit der Milch unter den Teig rühren. Schokolade untermengen.

3 Teig in die Form füllen, glatt streichen und backen.

4 Gugelhupfe abkühlen lassen, aus der Form lösen und mit Puderzucker garnieren.

KÜRBISKERNKROKANT-GUGEL

6 Port. 20 Min. Leicht

Zutaten

Für den Teig:
50 g Kürbiskernkrokant + 1 EL für die Dekoration
1 Ei
75 g Schlagsahne
1 Prise Salz
75 g Zucker
100 g Weizenmehl
½ TL Vanillezucker
45 g Butter
½ TL Backpulver

Für die Glasur:
140 g weiße Kuvertüre
2 TL Speiseöl

Nährwerte pro Gugel

428 kcal
42 g Kohlenhydrate
26 g Fett
7 g Eiweiß

1 Zucker, Salz, Vanillezucker, Ei und Butter aufschlagen. Mehl und Backpulver vermengen und im Wechsel mit der Sahne zufügen. Krokant unterheben.

2 Teig in die Form geben und backen.

3 Kuvertüre für die Glasur hacken und im Wasserbad schmelzen. Öl unterrühren. Damit die Gugel überziehen und diese mit etwas Krokant toppen. Anschließend 10 Minuten ins Gefrierfach stellen und genießen.

KÄSEKUCHEN-GUGELHUPFE MIT OREO

12 Port.

25 Min.

Leicht

Zutaten

4 Oreo-Kekse
480 g Quark (20 % Fett)
2 EL Grieß
4 EL weiche Butter
2 Eier
45 g Vanillepudding
95 g Zucker
1 TL Zitronensaft

Nährwerte pro Gugel

144 kcal
14 g Kohlenhydrate
7 g Fett
6 g Eiweiß

1 Kekse in einen Plastikbeutel geben und mit einem Nudelholz zu Bröseln verarbeiten oder mixen. Alle übrigen Zutaten aufschlagen.

2 Oreo-Brösel in den Mulden der Gugelform verteilen und andrücken, sodass der Boden bedeckt ist. Füllung darauf verteilen und backen. Danach kurz abkühlen lassen und aus der Form lösen.

KAFFEE-GUGELHUPFE

 12 Port.

 25 Min.

 Leicht

Zutaten

230 g Weizenmehl
1 TL Backpulver
110 g Zucker
1 Ei
5 EL Vollmilch
1 TL Instant-Kaffeepulver
1 TL Natron
4 EL Naturjoghurt (3,5 % Fett)
25 g Backkakao
2 EL Schoko-Kaffeebohnen (gehackt)
25 g Mandeln (gehackt)

Nährwerte pro Gugel

148 kcal
27 g Kohlenhydrate
3 g Fett
4 g Eiweiß

1 Mehl, Backpulver, Zucker, und Natron vermengen. Flüssige Zutaten und Ei ebenfalls verrühren. Beide Mischungen vermengen, dann Mandeln, Kaffee, Kakao und Schoko-Kaffeebohnen zugeben und unterheben.

2 Teig auf die Form verteilen und backen.

Hinweis für Allergiker: Dieses Rezept enthält Mandeln!

GUGELHUPFE MIT SCHOKOLADEN-GANACHE

6 Port.

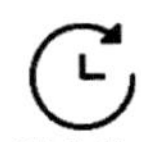
35 Min.

Leicht

Zutaten

Für den Teig:
55 g Butter
35 g Weizenmehl
35 g gemahlene Mandeln
95 g Zartbitterschokolade
100 g Eiweiß
½ TL Fleur de Sel
½ TL Backpulver
95 g Puderzucker

Für die Ganache:
35 g Schlagsahne
35 g Zartbitterschokolade (gehackt)

Nährwerte pro Gugel

328 kcal
32 g Kohlenhydrate
20 g Fett
5 g Eiweiß

1 Butter im Topf schmelzen, bis sie bräunlich ist und nussig duftet (dauert 8-12 Minuten). Dann beiseitestellen.

2 Eine Hälfte der Schokolade fein hacken, den anderen Teil grob hacken. Mandeln, Mehl, Puderzucker, Fleur de Sel, Backpulver und gehackte Schokolade in eine Schale geben. Eiweiß unterrühren. Dann Butter zugeben.

3 Teig in die Form geben und backen.

4 Für die Ganache Schokolade in eine kleine Schale geben. Sahne im Topf erhitzen, bis sie dampft, dann zur Schokolade geben und verrühren, bis die Schokolade vollständig geschmolzen ist.

5 Warme Ganache mithilfe eines Spritzbeutels in die Gugelhupf-Mulden füllen und warm (oder kalt) genießen.

Hinweis für Allergiker: Dieses Rezept enthält Mandeln!

MARMOR-GUGEL

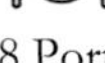

8 Port. 30 Min. Leicht

Zutaten

2 TL Crème fraîche
3 EL Vollmilch
75 g Weizenmehl
55 g weiche Butter
1 Ei
55 g Puderzucker
30 g Zartbitterschokolade
2 TL Backkakao

Nährwerte pro Gugel

148 kcal
17 g Kohlenhydrate
8 g Fett
2 g Eiweiß

1 Schokolade hacken und zur Seite stellen. Ei, Zucker und Butter aufschlagen. Mehl und Crème fraîche zugeben und 2 EL Milch ebenfalls unterrühren. Teig halbieren. Unter einen Teil des Teigs Kakao, übrige Milch und Schokolade rühren.

2 Zuerst den hellen, dann den dunklen Teig in die Form geben und mit einem Zahnstocher durchziehen, sodass ein Marmormuster entsteht.

3 Gugel backen und danach in der Form erkalten lassen.

SCHWARZTEE-GUGEL MIT LIMETTENCREME

12 Port. 40 Min. Leicht

Zutaten

Für den Teig:
2 EL Earl-Grey-Teeblätter
205 g weiche Butter
1 TL Lavendelblüten (getrocknet)
½ TL Backpulver
1 Prise Salz
3 Eier
190 g Zucker
110 g Weizenmehl
95 g Buchweizenmehl
1 Pck. Vanillezucker
2 TL Honig
60 g saure Sahne (10 % Fett)

Für die Glasur:
120 g Schlagsahne
3 Limetten
280 g weiße Schokolade

Nährwerte pro Gugel

449 kcal
45 g Kohlenhydrate
28 g Fett
5 g Eiweiß

1 Teeblätter und Lavendelblüten zusammen fein mörsern. Beide Mehle in eine Schale sieben und mit der Lavendel-Tee-Mischung sowie mit Salz und Backpulver vermengen. Butter mit Honig, Zucker und Vanillezucker schaumig schlagen. Eier einzeln zugeben, dann die Sahne einarbeiten und zuletzt die Mehlmischung untermengen.

2 Teig in die Form geben und backen.

3 Für die Glasur Limetten heiß abbrausen, trockentupfen, deren Schale abreiben und Saft auspressen. Schokolade hacken und in eine kleine Schale geben. Sahne zum Kochen bringen, zur Schokolade gießen und so lange rühren, bis letztere geschmolzen ist. 45 ml Limettensaft und -abrieb untermengen und Gugel mit der Glasur überziehen.

WEISSE SCHOKO-GUGEL

8 Port. 25 Min. Leicht

Zutaten

45 ml Vollmilch
2 Eier
95 g weiße Schokolade
45 g Zucker
45 g Butter
95 g Weizenmehl

Nährwerte pro Gugel

192 kcal
21 g Kohlenhydrate
10 g Fett
4 g Eiweiß

1 Eier trennen. Eigelbe mit Butter und Zucker aufschlagen. Milch zugeben, dann Mehl unterrühren. Eiweiß steif schlagen und unterheben. Schokolade hacken und ebenfalls untermischen.

2 Teig auf die Form verteilen und backen. Danach kurz abkühlen lassen und aus der Form lösen.

GUGELHUPFE MIT NOUGAT

18 Port. 35 Min. Leicht

Zutaten

250 g Butter
3 Eier
190 g Nougat
190 g Zucker
330 g Weizenmehl
1 Pck. Vanillezucker
1 Schuss Vollmilch
1 Pck. Backpulver

Nährwerte pro Gugel

264 kcal
32 g Kohlenhydrate
14 g Fett
4 g Eiweiß

1 Eier, Butter und beide Zuckersorten aufschlagen. Nougat im Wasserbad schmelzen und untermischen. Backpulver und Mehl vermengen und zugeben. Gut verrühren und Milch zufügen.

2 Teig in die Form geben und backen. Vor dem Herauslösen etwas abkühlen lassen.

WEIHNACHTS-GUGEL

8 Port. 30 Min. Leicht

Zutaten

95 g Weizenmehl
95 g weiche Butter
1 TL Lebkuchengewürz
3 Eier
70 g gemahlene Mandeln
40 ml Vollmilch
1 TL Vanillearoma
95 g Rohrohrzucker
1 TL Backpulver
95 g Zartbitterschokolade
1 TL Puderzucker für die Dekoration

Nährwerte pro Gugel

324 kcal
28 g Kohlenhydrate
20 g Fett
6 g Eiweiß

1 Mandeln, Mehl, Backpulver und Lebkuchengewürz vermengen. Zucker, Butter und Vanillearoma aufschlagen. Eier einzeln zufügen, dann die Mehl-Mischung und die Milch untermengen.

2 Teig in die Form füllen und backen.

3 Schokolade hacken und im Wasserbad schmelzen. Schokolade auf die abgekühlten Gugel geben und mit etwas Puderzucker bestäuben.

Hinweis für Allergiker: Dieses Rezept enthält Mandeln!

KOKOS-GUGEL

12 Port. 25 Min. Leicht

Zutaten

115 g Butter
20 g Vanillezucker
75 g Weizenmehl
1 EL Backpulver
2 Eier
95 g Puderzucker +
1 EL für die Dekoration
Saft und Abrieb einer halben Zitrone
115 ml Kokosmilch
75 g Speisestärke

Nährwerte pro Gugel

186 kcal
21 g Kohlenhydrate
11 g Fett
2 g Eiweiß

1 Butter schmelzen und eine Weile abkühlen lassen. Stärke, Mehl, Backpulver, Vanillezucker und Puderzucker verrühren. Kokosmilch, Eier, Butter sowie Zitronensaft und -abrieb untermengen. Gut verrühren.

2 Teig in den Gugelhupf-Maker geben und backen.

3 Vor dem Herauslösen erst eine Weile abkühlen lassen. Mit Puderzucker bestäuben.

MARZIPAN-GUGELHUPFE

12 Port.

25 Min.

Leicht

Zutaten

Für den Teig:
95 g weiche Butter
35 g Zucker
1 Prise Salz
95 g Marzipanrohmasse
55 g Weizenmehl
2 Eier
1 Pck. Vanillezucker
½ TL Backpulver
Etwas Bittermandelaroma

Für den Guss:
120 g Puderzucker
30 ml Vollmilch

Nährwerte pro Gugel

176 kcal
20 g Kohlenhydrate
10 g Fett
2 g Eiweiß

1 Butter stückeln und Marzipan raspeln. Beides mischen. Zucker, Salz und Vanillezucker zugeben. Eier unterrühren und etwas Bittermandelaroma zufügen. Backpulver mit Mehl mischen und unter den Teig rühren.

2 Teig in den Formen verteilen und backen.

3 Milch und Puderzucker verrühren und auf die abgekühlten Gugel streichen.

Nusskuchen

HASELNUSS-GUGELHUPFE

 18 Port.  45 Min.  Leicht

Zutaten

Für den Teig:
280 g gemahlene Haselnüsse
3 Eier
1 Prise Salz
190 g Zucker
1 Pck. Backpulver
140 g Weizenmehl
140 ml Öl
190 g Naturjoghurt (3,5 % Fett)
1 Prise Zimt

Für die Glasur:
95 g weiße Kuvertüre
45 g Nuss-Nougat

Außerdem:
4 EL Haselnüsse (gehackt) für die Dekoration

Nährwerte pro Gugel

331 kcal
24 g Kohlenhydrate
23 g Fett
6 g Eiweiß

1 Zucker, Eier und Salz schaumig schlagen. Backpulver, Nüsse, Zimt und Mehl vermengen und mit Öl und Joghurt unter die Eiermischung rühren.

2 Teig in die Form füllen, glatt streichen und backen.

3 Kuvertüre hacken und im Wasserbad schmelzen. Topf von der Platte nehmen und Nougat in Stücken unterrühren, bis dieser aufgelöst ist.

4 Gugel aus der Form lösen, mit der Glasur bestreichen und mit Haselnüssen bestreuen.

SCHOKO-MANDEL-GUGEL

24 Port.

45 Min.

Leicht

Zutaten

3 Eier
190 g weiche Butter
230 g Weizenmehl
75 g Mandeln (gehackt)
95 g Vollmilchschokolade (gehackt)
1 EL Backpulver
190 g Zucker
230 g Naturjoghurt (3,5 % Fett)
1 TL Zimt
1 gehäufter TL Backkakao
2 EL Semmelbrösel für die Form

Nährwerte pro Gugel

176 kcal
18 g Kohlenhydrate
10 g Fett
3 g Eiweiß

1 Gefettete Form mit Semmelbröseln einstreuen. Butter und Zucker aufschlagen. Danach einzeln die Eier zugeben und die übrigen Zutaten kurz unterrühren.

2 Teig auf die Form verteilen und backen.

ERDNUSS-GUGELHUPFE MIT KARAMELL

30 Port. 55 Min. Leicht

Zutaten

190 g ungesalzene, geröstete Erdnüsse
230 g weiche Butter
460 g Weizenmehl + etwas Mehl für die Form
1 Pck. Backpulver
95 g Zartbitterschokolade
165 g Zucker
1 Prise Salz
3 Eier
95 ml Karamell-Sirup
2 EL Puderzucker für die Dekoration

Nährwerte pro Gugel

205 kcal
23 g Kohlenhydrate
11 g Fett
4 g Eiweiß

1 Schokolade und Nüsse hacken. Zucker, Butter und Salz verrühren und Eier nacheinander zugeben. Backpulver mit Mehl mischen und abwechselnd mit dem Sirup kurz unter den Teig rühren. Schokolade und Nüsse unterheben.

2 Teig in die gefettete und mit Mehl bestäubte Form füllen und backen.

3 Nach dem Abkühlen aus der Form lösen und mit Puderzucker bestäuben.

MANDEL-MÖHREN-GUGEL

12 Port.

35 Min.

Leicht

Zutaten

Für den Teig:
120 g Möhren
95 g Rohrohrzucker
140 g Weizenmehl
95 g gemahlene Mandeln
1 TL Backpulver
3 Eier
1 Msp. Vanillemark
1 Prise Salz
½ TL Zimt
95 g Süßrahmbutter

Für den Guss:
2 TL Zitronensaft
45 g Puderzucker

Nährwerte pro Gugel

217 kcal
22 g Kohlenhydrate
12 g Fett
5 g Eiweiß

1 Möhren säubern und fein raspeln. Danach mit einem Messer kurz hacken. 1 EL der Raspel zur Seite stellen.

2 Backpulver, Mandeln und Mehl vermengen. Butter 4 Minuten cremig schlagen. Zucker zugeben und nochmals 4 Minuten rühren. Vanillemark, Salz und Zimt zufügen und Eier nacheinander jeweils 30 Sekunden unterrühren. Zuerst die Möhren, dann die Mehlmischung unterheben.

3 Teig auf die Form verteilen und backen.

4 Puderzucker mit Zitronensaft vermengen und die abgekühlten Gugel damit bestreichen. Mit den zur Seite gestellten Möhren-Raspeln garnieren.

Tipp: Anstelle der Mandeln können auch Haselnüsse verwendet werden.

WALNUSS-GUGELHUPFE

18 Port. 45 Min. Leicht

Zutaten

Für den Teig:
95 g Walnüsse
190 g weiche Butter
3 Eier
165 g Zucker
190 g Pellkartoffeln
1 Pck. Vanillezucker
1 Prise Salz
140 g Zartbitterschokolade
190 g Weizenmehl
1 EL Backpulver

Für die Dekoration:
Je 60 g Zartbitter- und Vollmilch-Kuchenglasur
3 EL gehackte Walnüsse

Nährwerte pro Gugel

300 kcal
28 g Kohlenhydrate
20 g Fett
4 g Eiweiß

1 Kartoffeln gar kochen und erkalten lassen. Danach schälen und grob reiben.

2 Nüsse und Schokolade hacken. Zucker, Vanillezucker, Butter und Salz 6-7 Minuten verrühren. Eier einzeln unterrühren, dann Kartoffeln zugeben. Backpulver und Mehl mischen, auf den Teig sieben und kurz unterheben. Nüsse und Schokolade ebenfalls kurz unterheben.

3 Teig in die Form geben und backen.

4 Kuchenglasur im Wasserbad schmelzen und auf die abgekühlten Gugel streichen. Mit gehackten Walnüssen bestreuen.

PEKANNUSS-GUGEL MIT APFELSTÜCKEN

12 Port.

40 Min.

Leicht

Zutaten

Für den Teig:
75 g Pekannüsse
190 g weiche Margarine
1 Prise Salz
2 Eier
½ TL Zimt
150 g Weizenmehl
2 TL cremiger Honig
25 g Agavendicksaft
75 g Kokosblütenzucker
1 TL Vanillepaste
1 EL Backpulver
1 Apfel (fein gewürfelt)

Für die Dekoration:
3 EL Rohrzucker
25 ml Wasser
45 g weiße Schokolade
40 g Pekannüsse

Nährwerte pro Gugel

288 kcal
28 g Kohlenhydrate
18 g Fett
4 g Eiweiß

1 Nüsse fein hacken. Margarine, Honig, Vanillepaste, Agavendicksaft, Zucker, Salz und Zimt aufschlagen. Eier nacheinander unterrühren. Backpulver mit Mehl mischen und zugeben. Nüsse und Äpfel unterheben.

2 Teig auf die Form verteilen und backen.

3 Für die Dekoration Wasser und Zucker in einer Pfanne zum Kochen bringen. Dabei nicht rühren. Dann die Temperatur verringern und ab und zu umrühren, bis Karamell entstanden ist. Nüsse untermengen, Masse auf ein Backpapier geben und abkühlen lassen.

4 Karamellisierte Nüsse hacken. Weiße Schokolade im Wasserbad schmelzen und damit die Gugel überziehen. Mit Nüssen bestreuen.

WALNUSS-MOHN-GUGEL

18 Port. 35 Min. Leicht

Zutaten

95 g Walnüsse (gemahlen)
140 g weiche Butter
190 g gemahlener Mohn
230 ml Vollmilch
3 Eier
190 g Zucker
1 Pck. Vanillezucker
25 ml Rum
190 g Weizenmehl + etwas Mehl für die Form
1 Pck. Backpulver
Abrieb einer Zitrone

Nährwerte pro Gugel

251 kcal
21 g Kohlenhydrate
16 g Fett
6 g Eiweiß

1 Eier trennen. Eigelb mit Zucker und Vanillezucker aufschlagen. Butter unterrühren. Mohn, Nüsse, Rum und Zitronenabrieb nacheinander untermengen. Milch ebenfalls zugeben. Backpulver mit Mehl mischen und zum Teig geben. Eiweiß steif schlagen und unterheben.

2 Teig auf die gefettete und mit Mehl bestreute Form geben und backen.

NUSS-GUGELHUPFE MIT WEISSER NOUGATCREME

18 Port.

45 Min.

Leicht

Zutaten

Für den Teig:
3 Eier
140 g Weizenmehl + etwas Mehl für die Form
280 g gemahlene Nüsse (z. B. Haselnüsse)
1 Prise Salz
190 g Zucker
1 Pck. Backpulver
1 Prise Zimt
140 ml Speiseöl
190 g Naturjoghurt (3,5 % Fett)

Für die Glasur:
45 g Nuss-Nougat
95 g weiße Kuvertüre
1 EL gehackte Nüsse (z. B. Haselnüsse)

Nährwerte pro Gugel

315 kcal
24 g Kohlenhydrate
22 g Fett
5 g Eiweiß

1 Eier, Salz und Zucker schaumig schlagen. Zimt, Mehl, Nüsse und Backpulver vermengen und mit Öl und Joghurt zur Eiermischung geben und unterrühren.

2 Teig in gefettete und mit Mehl bestäubte Form geben und backen.

3 Für die Glasur Kuvertüre hacken und im Wasserbad schmelzen. Von der Platte nehmen, Nougat in Stücken zugeben und so lange unterrühren, bis dieser aufgelöst ist.

4 Gugel mit der Glasur überziehen und mit gehackten Nüssen verzieren.

Vegan

SCHOKO-GUGEL MIT APFELMUS UND NÜSSEN

 12 Port.  25 Min.  Leicht

Zutaten

95 g Weizenmehl
45 g gemahlene Mandeln
45 g Pflanzenmargarine
30 g gehackte Haselnüsse
1 TL Zimt
1 Prise Salz
95 ml Sojamilch
65 g Apfelmus
65 g Zucker
25 g Backkakao
1 EL Backpulver
1 Pck. Vanillezucker

Nährwerte pro Gugel

127 kcal
15 g Kohlenhydrate
6 g Fett
3 g Eiweiß

1 Margarine im Topf schmelzen, dann zur Seite stellen. Mandeln, Zucker, Mehl, Vanillezucker, Kakao, Haselnüsse, Zimt, Salz und Backpulver vermengen. Margarine, Sojamilch und Apfelmus zugeben und alles zu einem glatten Teig verrühren.

2 Teig auf die Form verteilen und backen. Nach Belieben verzieren.

Hinweis für Allergiker: Dieses Rezept enthält Mandeln und Haselnüsse!

HIMBEER-BANANEN-GUGELHUPFE

8 Port.

25 Min.

Leicht

Zutaten

2 sehr reife Bananen
1 Prise Salz
1 TL Backpulver
95 g weiche Pflanzen-margarine
1 Prise Zimt
170 g Weizenmehl
8 Himbeeren

Nährwerte pro Gugel

167 kcal
23 g Kohlenhydrate
7 g Fett
3 g Eiweiß

1 Bananen schälen und mit einer Gabel zerdrücken. Margarine zugeben, dann Mehl, Backpulver, Salz und Zimt ebenfalls untermischen. Beeren säubern und abtropfen lassen.

2 Teig in die Form geben und je Mulde 1 Himbeere hineindrücken. Anschließend backen.

Tipp: Mögen Sie die Gugelhupfe etwas süßer, können Sie Agavendicksaft oder Kokosblütenzucker zugeben. Schokofans können auch je ein Stück vegane Schokolade anstelle der Himbeeren in den Teig drücken.

CHAI-GUGELHUPFE

12 Port. 25 Min. Leicht

Zutaten

95 g Kokosöl
140 g Vollrohrzucker
230 ml Mandelmilch
280 g Dinkelmehl
1 TL Backpulver
10 g Chai-Küsschen Gewürz-Blüten-Zubereitung von Sonnentor (alternativ je ½ TL Kardamom + Zimt)
2 Leinsamen-Eier (1 EL geschrotete Leinsamen mit 1 EL Wasser mischen und quellen lassen)
3 TL Grieß für die Form

Nährwerte pro Gugel

222 kcal
30 g Kohlenhydrate
9 g Fett
4 g Eiweiß

1 Öl und Leinsamen-Eier vermengen. Backpulver, Mehl, Zucker, Mandelmilch und Gewürze langsam zugeben und gut verrühren.

2 Grieß in die gefettete Form streuen und Teig hineingeben. Anschließend backen.

Hinweis für Allergiker: Dieses Rezept enthält Mandeln!

VANILLE-APFEL-GUGEL

6 Port. 30 Min. Leicht

Zutaten

95 g Dinkelmehl
1 EL Öl
1 Prise Salz
45 g Rohrohrzucker
1 TL Backpulver
45 g Apfelmus (zuckerfrei)
Mark einer Vanilleschote
70 g Mineralwasser
60 g vegane Zartbitterschokolade

Nährwerte pro Gugel

164 kcal
22 g Kohlenhydrate
7 g Fett
3 g Eiweiß

1 Backpulver, Mehl und Zucker vermengen. Öl, Apfelmus, Salz und Vanillemark in einer weiteren Schale mischen. Wasser zu der Öl-Mischung geben, aber nicht unterrühren! Mehlmischung zugeben und vorsichtig unterheben, bis alles grob vermischt ist.

2 Teig in die Form geben und backen.

3 Schokolade im Wasserbad schmelzen, auf die Gugel streichen und kurz im Gefrierfach aushärten lassen.

ROSINEN-GUGEL

20 Port.

1 Tag

Leicht

Zutaten

190 g Rosinen
350 g Weizenmehl
1 Pck. Backpulver
40 ml Rum oder Apfelsaft
2 Pck. Vanillezucker
300 g Sojamilch
240 g Zucker
1 Msp. Salz
140 g Speiseöl
2 EL Paniermehl für die Form

Nährwerte pro Gugel

218 kcal
35 g Kohlenhydrate
8 g Fett
3 g Eiweiß

1 Rosinen heiß abbrausen, dann über Nacht in Rum oder Apfelsaft einlegen.

2 Rosinen abgießen. Mehl, Backpulver, Zucker, Salz und Vanillezucker vermengen. 3 EL der Mehlmischung zu den Rosinen geben. Milch und Öl zu dem Teig geben, dann die mit Mehl bedeckten Rosinen unterheben.

3 Teig auf die gefettete und mit Paniermehl bestreute Form verteilen und backen.

ZITRONEN-GUGELHUPFE

8 Port.

30 Min.

Leicht

Zutaten

Für den Teig:
95 g Weizenmehl
95 g Dinkelmehl
1 Pck. Backpulver
40 ml Zitronensaft
Abrieb einer Zitrone
Mark von 2 Vanilleschoten
140 g Mineralwasser
95 g Apfelmus
95 g Zucker
25 g Öl

Für den Guss:
1 TL Zitronensaft
2-3 EL Puderzucker

Nährwerte pro Gugel

173 kcal
33 g Kohlenhydrate
3 g Fett
3 g Eiweiß

1 Beide Mehlsorten, Zucker und Backpulver mischen. Apfelmus, Öl, Zitronensaft und -abrieb sowie Vanillemark in einer weiteren Schale vermengen. Mineralwasser zu der Apfelmus-Mischung geben, aber nicht untermischen! Dann Mehl-Mischung nach und nach zugeben und vorsichtig kurz unterheben, bis alles miteinander verbunden ist.

2 Teig in die Form füllen und backen.

3 Puderzucker und Zitronensaft verrühren und Guss auf die abgekühlten Gugel streichen.

GEWÜRZGUGEL

8 Port. 30 Min. Leicht

Zutaten

Für den Teig:
180 g Weizenmehl
1 TL Lebkuchengewürz
1 TL Apfelessig
¼ TL Gewürznelken (gemahlen)
65 g Zucker
1 TL Zimt
20 g Himbeermarmelade
½ TL Natron
1 TL Backkakao
¼ Pck. Backpulver
150 ml Mandelmilch

Für den Guss:
1-2 EL Mandelmilch
45 g Puderzucker

Nährwerte pro Gugel

152 kcal
33 g Kohlenhydrate
1 g Fett
3 g Eiweiß

1 Zucker, Zimt, Mehl, Gewürznelken, Lebkuchengewürz, Backpulver, Kakao und Natron vermengen. Milch und Marmelade in einer weiteren Schale verrühren. Dann zu den trockenen Zutaten geben. Essig unterrühren.

2 Teig in die Form geben und backen.

3 Für den Guss Puderzucker mit nur einem halben EL Milch verrühren, ggf. etwas mehr Milch zugeben und diese nach und nach unterrühren. Guss auf die Gugel streichen.

Hinweis für Allergiker: Dieses Rezept enthält Mandeln!

GESUNDE SCHOKOLADEN-GUGEL

8 Port. 30 Min. Leicht

Zutaten

Für den Teig:
190 g Dinkelmehl
95 g Dattelsirup
2 EL Kakao (stark entölt)
45 g vegane Schokodrops
1 EL Backpulver
2 TL Lupinenmehl
45 g Kokosöl
165 ml Hafermilch

Für den Guss:
4 EL Erythrit-Puderzucker
30 ml frisch gepresster Orangensaft

Nährwerte pro Gugel

182 kcal
29 g Kohlenhydrate
9 g Fett
4 g Eiweiß

1 Alle trockenen Zutaten für den Teig, bis auf die Schokodrops, vermengen. Sirup, Milch und Öl unterrühren. Schokodrops untermengen.

2 Teig in die Form geben und backen.

3 Erythrit-Puderzucker und Orangensaft verrühren und die abgekühlten Gugel damit überziehen.

TOFFEE-GUGELHUPFE

18 Port.

45 Min.

Leicht

Zutaten

Für den Teig:
190 g Weizenmehl
2 ½ EL Backkakao
2 Pck. Schoko-Puddingpulver
1 Prise Salz
470 g Sojajoghurt, Vanille
1 Pck. Backpulver

Außerdem:
6-7 EL Toffee-Creme
20 Haselnüsse

Nährwerte pro Gugel

114 kcal
18 g Kohlenhydrate
4 g Fett
3 g Eiweiß

1 Alle Zutaten für den Teig zu einem Teig verarbeiten.

2 Teig auf die Form verteilen und backen.

3 Böden der Gugelhupfe gerade mit einem Messer abschneiden und je einen Klecks Toffee-Creme in die Gugelhupfe geben. In die Creme eine Nuss setzen und genießen.

Tipp: Die Toffee-Creme lässt sich wie Dulce de Leche nur mit Kokoskondensmilch herstellen. Sie können aber auch Erdnussbutter anstelle der Toffee-Creme verwenden!

Hinweis für Allergiker: Dieses Rezept enthält Haselnüsse!

Mit Alkohol

LICOR 43 CHOCOLATE-SCHOKO-GUGEL

12 Port.

30 Min.

Leicht

Zutaten

190 g Weizenmehl + etwas Mehl für die Form
75 ml Licor 43 Chocolate
2 Eier
100 g Speiseöl
2 TL Nutella
1 TL Backpulver
75 ml Schlagsahne
85 g Zucker
20 g gemahlene Haselnüsse
2 TL Backkakao
2 EL Puderzucker für die Dekoration

Nährwerte pro Gugel

234 kcal
23 g Kohlenhydrate
14 g Fett
3 g Eiweiß

1 Zucker und Öl aufschlagen, Eier nacheinander unterrühren. Nüsse, Mehl und Backpulver mischen und zu dem Teig geben. Dann Sahne und Licor 43 zugeben.

2 Teig in zwei Teile teilen. In einen Teil Nutella und Kakao geben.

3 Den hellen Teig in die gefettete und mit Mehl bestreute Form füllen, dann den dunklen Teig hineingeben und das Ganze mit einem Zahnstocher durchziehen, sodass eine Marmorierung entsteht. Anschließend backen.

4 Abgekühlte Gugel mit Puderzucker bestäuben.

Hinweis für Allergiker: Dieses Rezept enthält Haselnüsse!

MINI-GUGEL „MOJITO-STYLE“

6 Port. 15 Min. Leicht

Zutaten

30 g Butter
45 ml Buttermilch
1 TL gehackte Minze
1 Ei
25 g Zucker
20 g brauner Zucker
70 g Weizenmehl
½ TL Backpulver
Saft und Abrieb von
1 ½ Limetten
1 EL Cachaça (alternativ weißer Rum)

Nährwerte pro Gugel

127 kcal
17 g Kohlenhydrate
5 g Fett
3 g Eiweiß

1 Beide Zuckersorten mit Butter aufschlagen, Ei zugeben und untermengen. Mehl, Backpulver und Salz mischen und zum Teig geben. Cachaça, Minze, Buttermilch sowie Limettensaft und -abrieb unterheben.

2 Teig auf die Form verteilen und backen.

BESCHWIPSTE KOKOS-GUGELHUPFE

12 Port.

35 Min.

Leicht

Zutaten

140 g Butter
1 TL Backpulver
190 g Weizenmehl
3 Eier
3 EL Kokoscreme
1 EL Vanillezucker
1 TL Hefe
180 g Zucker
35 ml Batida de Côco
2 EL Pistazien (gehackt)

Für die Dekoration:
Je 140 g weiße und Zartbitterkuvertüre
95 g Himbeeren
95 g Blaubeeren

Nährwerte pro Gugel

322 kcal
38 g Kohlenhydrate
17 g Fett
5 g Eiweiß

1 Mehl, Zucker, Backpulver, Hefe und Vanillezucker vermengen, dann Butter zugeben. Eier einzeln unterrühren. Die Hälfte des Batida de Côco mit der Kokoscreme verrühren. Kokosmasse, übrigen Likör und Pistazien unter den Teig heben.

2 Teig auf die Form verteilen und backen.

3 Kuvertüren getrennt im Wasserbad schmelzen. Dann immer wieder ein Messer zuerst in die eine, dann in die andere geschmolzene Schokolade tunken und ein Gitter-Muster auf die Gugel zeichnen. Beeren säubern und damit die Gugel garnieren.

PFLAUMEN-GUGEL MIT AMARETTO

 15 Port.
 35 Min.
 Leicht

Zutaten

140 g weiche Butter
1 Pck. Backpulver
3 Eier
165 g Weizenmehl
1 Pck. Vanillezucker
95 g Zucker
1 Prise Salz
40 ml Amaretto
40 ml Vollmilch
370 g Pflaumen (sehr klein geschnitten)
2 EL Schokotropfen (Zartbitter)
1 EL Puderzucker für die Dekoration

Nährwerte pro Gugel

182 kcal
20 g Kohlenhydrate
9 g Fett
3 g Eiweiß

1 Zucker, Vanillezucker, Salz und Butter schaumig schlagen. Eier im Wechsel mit der Milch einzeln untermischen. Backpulver mit Mehl mischen und zu dem Teig geben. Dann Amaretto unterrühren und Pflaumen und Schokotropfen unterheben.

2 Teig in die Form geben und backen.

3 Gugel etwas abkühlen lassen und mit Puderzucker bestreuen.

COGNAC-GUGELHUPFE

12 Port.

25 Min.

Leicht

Zutaten

170 g weiche Butter
230 g Dinkelmehl
3 Eier
35 g Backkakao
75 g Cognac
1 EL Backpulver
170 g Rohrohrzucker
½ TL Vanillemark
1 Prise Salz
1 EL Puderzucker für die Dekoration

Nährwerte pro Gugel

263 kcal
29 g Kohlenhydrate
13 g Fett
4 g Eiweiß

1 Zucker mit Butter cremig aufschlagen. Eier nacheinander unterrühren, dann Cognac zufügen. Trockene Zutaten vermengen und zum Teig geben. Alles kurz verrühren.

2 Teig in die Form füllen und backen.

3 Abgekühlte Gugel mit Puderzucker bestäuben.

MINI-GUGEL MIT BAILEYS

6 Port. 15 Min. Leicht

Zutaten

85 g Weizenmehl
½ TL Backpulver
25 ml Baileys
1 Ei
1 Prise Salz
1 Pck. Vanillezucker
20 g Zucker
45 g Margarine

Nährwerte pro Gugel

128 kcal
15 g Kohlenhydrate
6 g Fett
3 g Eiweiß

1 Zucker, Mehl, Vanillezucker, Salz und Backpulver vermengen. Margarine, Baileys und Ei unterrühren.

2 Teig in die Form geben und backen. Nach Belieben verzieren.

GEFÜLLTE KAFFEE-KARAMELL-GUGEL

12 Port.

40 Min.

Leicht

Zutaten

Für den Teig:
75 g Zartbitterschokolade (gehackt)
210 g Weizenmehl
45 ml Kaffee-Sahne-Likör
1 EL Backpulver
120 g Zucker
3 Eier
75 ml Vollmilch
2 Pck. Karamell-Puddingpulver
190 g weiche Butter
1 EL Backkakao
1 Prise Salz

Für die Creme:
370 ml Schlagsahne
2 Pck. Sahnesteif
2 Pck. Vanillezucker
95 ml Kaffee-Sahne-Likör
40 g Schokoraspel

Nährwerte pro Gugel

446 kcal
35 g Kohlenhydrate
31 g Fett
5 g Eiweiß

1 45 ml Likör und Milch im Topf kurz aufkochen, Topf von der Platte nehmen und Schokolade darin schmelzen.

2 Puddingpulver, Milch, Mehl, Backpulver, Salz und Kakao vermengen. Zucker mit Butter aufschlagen. Eier einzeln zu der Buttercreme geben und unterrühren. Schokomilch und Mehlmischung zugeben und alles kurz verrühren.

3 Teig auf die Form verteilen und backen.

4 Sahne mit Vanillezucker und Sahnesteif steif schlagen. Übrigen Likör unterschlagen. Masse in einen Spritzbeutel geben und bis zum Servieren kühl lagern.

5 Vor dem Servieren Gugelhupfe mittig quer in zwei Hälften schneiden, ⅔ der Creme auf die unteren Hälften spritzen, dann die oberen Hälften wieder aufsetzen. Mit der übrigen Creme einen Klecks in die Mitte spritzen und mit Schokoraspeln bestreuen.

PIÑA-COLADA-GUGELHUPFE

15 Port. 40 Min. Leicht

Zutaten

Für den Teig:
190 g weiche Butter
280 g Weizenmehl
230 g Zucker
1 TL Backpulver
2 Eiweiß
2 Eier
Mark einer Vanilleschote
190 g pürierte Ananas

Für die Glasur:
120 g Puderzucker
1 EL Malibu Rum
1 EL Vollmilch

Außerdem:
120 g Kokosraspel

Nährwerte pro Gugel

318 kcal
40 g Kohlenhydrate
16 g Fett
4 g Eiweiß

1 Backpulver mit Mehl vermengen. Eiweiß, Zucker, Eier, Vanillemark und Butter cremig aufschlagen. Mehl-Mischung in kleinen Portionen unterrühren. Ananas zum Teig geben und Teig in einen Spritzbeutel umfüllen.

2 Teig in die Mulden der Form spritzen und backen.

3 Für die Glasur alle Zutaten verrühren. Gugel erst in die Glasur, dann in die Kokosraspel tunken.

ERDBEER-GUGEL MIT AMARETTO

6 Port. 20 Min. Leicht

Zutaten

25 g vegane Butter
30 ml Amaretto
Mark von ¼ Vanilleschote
30 g Dinkelmehl + etwas Mehl für die Erdbeeren
2 TL Tapiokastärke
1 EL steife pflanzliche Sahne (z. B. Schlagfix)
⅓ TL Backpulver
35 g frische Erdbeeren
2 EL Puderzucker

Nährwerte pro Gugel

86 kcal
12 g Kohlenhydrate
4 g Fett
1 g Eiweiß

1 Beeren säubern und trockentupfen. Danach fein würfeln und mit 15 ml Amaretto mischen.

2 Butter im Topf schmelzen. Übrigen Amaretto, gesiebten Puderzucker und Vanillemark untermengen, bis keine Klümpchen mehr zu sehen sind. Topf von der Platte nehmen, Stärke einrühren. Mehl mit Backpulver mischen und nach und nach hinzusieben, bis eine glatte Masse entsteht. Sahne unterheben. Erdbeeren mit etwas Mehl bestreuen und kurz untermengen.

3 Teig mithilfe eines Spritzbeutels in die Form spritzen und backen.

Herzhafte Kuchen

MÖHREN-GUGEL MIT PARMESAN

12 Port.

2 Std.
5 Min.

Leicht

Zutaten

220 g Weizenmehl
½ TL Zucker
½ Würfel frische Hefe
2 TL Salz
110 g Möhren
45 g Appenzeller (gerieben)
95 g gemahlene Mandeln
25 g Parmesan (gerieben)
45 g weiche Margarine
120 ml Vollmilch
Etwas Pfeffer

Nährwerte pro Gugel

177 kcal
17 g Kohlenhydrate
9 g Fett
6 g Eiweiß

1 Milch im Topf erwärmen. Mehl in eine Schale geben und Hefe hineinbröseln. Zucker, warme Milch und 1 TL Salz mit in die Schale geben und alles verrühren. Anschließend Teig abdecken und an einem warmen Ort für 30 Minuten gehen lassen.

2 Währenddessen Mandeln ohne Fett in einer Pfanne ein paar Minuten anrösten. Möhren schälen und fein reiben.

3 Mandeln, Möhren, Appenzeller, Parmesan, übriges Salz, Pfeffer und Margarine zu dem Teig geben und alles gut verkneten. Teig weitere 60 Minuten ruhen lassen.

4 Teig auf die Form verteilen und backen. Warm genießen.

Hinweis für Allergiker: Dieses Rezept enthält Mandeln!

PIKANTE PAPRIKA-GUGEL

15 Port.

40 Min.

Leicht

Zutaten

280 g Weizenmehl
55 ml Pflanzenöl
Je 1 TL Paprikapulver edelsüß + geräuchert
140 g rote Zwiebeln
140 g Paprika
1 TL Salz
3 EL Ajvar (pikante Würzpaste aus Paprika und Aubergine)
240 ml Pflanzenmilch
1 TL Chiliflocken

Nährwerte pro Gugel

120 kcal
17 g Kohlenhydrate
5 g Fett
3 g Eiweiß

1 Paprika säubern, entkernen und in sehr kleine Würfel schneiden. Zwiebeln schälen und fein hacken. Alle trockenen Zutaten mischen, dann die flüssigen Zutaten zugeben und zuletzt Gemüse unterheben.

2 Teig in die Form geben und backen.

GUGELHUPFE MIT RÖSTZWIEBELN UND FETA

20 Port. 1 Std. 50 Min. Leicht

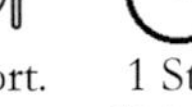

Zutaten

4 EL Schnittlauch (klein geschnitten)
480 g Weizenmehl
5 EL lauwarme Vollmilch
190 g Feta (gewürfelt)
140 g Röstzwiebeln
4 EL Sonnenblumenöl
240 g lauwarmes Wasser
1 Würfel frische Hefe

Nährwerte pro Gugel

184 kcal
24 g Kohlenhydrate
9 g Fett
5 g Eiweiß

1 Wasser, Milch und Hefe in eine Schale geben und verrühren. Anschließend Mehl und Öl unterrühren, dann Schnittlauch und Röstzwiebeln unterheben und zum Schluss Feta untermischen.

2 Teig zugedeckt an einem warmen Ort 60 Minuten gehen lassen.

3 Teig in 20 Teile teilen, daraus Kugeln formen, diese in den Gugelhupf-Maker legen und backen.

VEGANE PAPRIKA-ZUCCHINI-GUGEL

15 Port. 35 Min. Leicht

Zutaten

240 g Weizenmehl
95 g Zucchini (fein geraspelt)
1 EL frische Kräuter
240 ml Sojamilch
95 g Paprika (fein gewürfelt)
1 Pck. Backpulver
115 ml Olivenöl
1 TL Salz
Etwas Pfeffer

Nährwerte pro Gugel

138 kcal
14 g Kohlenhydrate
8 g Fett
3 g Eiweiß

1 Alle trockenen Zutaten vermischen, übrige Zutaten zugeben und alles gut verrühren.

2 Teig in die Form füllen und backen.

FRISCHKÄSE-GUGEL MIT OLIVEN UND PAPRIKA

 6 Port.  20 Min.  Leicht

Zutaten

Für den Teig:
30 ml Vollmilch
45 g eingelegte Paprika (aus dem Glas)
1 Ei
½ TL Salz
30 g grüne Oliven (entsteint)
45 g weiche Butter
½ TL Kräuter der Provence
70 g Weizenmehl + etwas Mehl für die Form

Für das Topping:
95 g Bresso Kirschtomaten & Chili
30 g Schmand
1 Pck. Gartenkresse
2 EL Schnittlauch (klein geschnitten)

Nährwerte pro Gugel

173 kcal
12 g Kohlenhydrate
12 g Fett
4 g Eiweiß

1 Oliven und Paprika hacken und mit den übrigen Zutaten für den Teig verrühren.

2 Teig in einen Spritzbeutel umfüllen und in die gefetteten und mit Mehl bestäubten Mulden der Form spritzen. Anschließend backen.

3 Für das Topping Bresso und Schmand verrühren. In einen Spritzbeutel geben und Füllung in auf die Gugel spritzen. Mit Kresse und Schnittlauch garnieren.

HEFE-GUGELHUPFE MIT SPECK

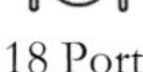

18 Port. | 1 Std. 55 Min. | Leicht

Zutaten

470 g Weizenmehl
190 g Bacon
1 TL Salz
45 g Butter
1 Würfel frische Hefe (40 g)
230 ml warmes Wasser
55 ml Öl
1 Gemüsezwiebel
Etwas Pfeffer
Etwas Muskatnuss (frisch gerieben)

Nährwerte pro Gugel

182 kcal
21 g Kohlenhydrate
9 g Fett
5 g Eiweiß

1 Salz und Mehl mischen. Hefe zerbröckeln und in das Wasser rühren. Hefemischung und 40 ml Öl zu dem Mehl geben und gut verrühren. Teig abdecken und 35 Minuten an einem warmen Ort ruhen lassen.

2 Speck in feine Würfel schneiden. Zwiebel schälen und fein hacken. Übriges Öl in einer Pfanne erwärmen und Speck knusprig anbraten. Dann auf einen Teller geben und die Zwiebeln wenige Minuten andünsten.

3 Butter schmelzen. Teig kurz durchkneten, dann Zwiebeln, Speck, Butter, Muskat und Pfeffer unterkneten. Abdecken und nochmals 30 Minuten gehen lassen.

4 Teig erneut durchkneten, in 18 Teile teilen und in die Form geben. Backen, kurz abkühlen lassen und genießen.

GEMÜSE-GUGEL

12 Port.

35 Min.

Leicht

Zutaten

140 g Zucchini
140 g Möhren
2 TL Rapsöl
2 Eier
95 g rote Paprika
190 g Weizenmehl
½ Pck. Backpulver
1 Knoblauchzehe
140 g Sauerrahm
110 ml Vollmilch
110 g geriebener Käse (z. B. Gouda oder Emmentaler)
Salz, Pfeffer

Nährwerte pro Gugel

151 kcal
15 g Kohlenhydrate
7 g Fett
6 g Eiweiß

1 Möhren und Zucchini fein raspeln. Knoblauch und Paprika hacken. Alles mischen und in einer Pfanne in Öl kurz anbraten. Dann in eine Schale geben.

2 Eier unterrühren, dann Sauerrahm, Milch und Käse zugeben und anschließend Mehl und Backpulver unterheben. Mit Salz und Pfeffer würzen.

3 Teig auf die Form verteilen und backen.

Tipp: Dazu passt ein Kräuterdip, den Sie aus Sauerrahm, Joghurt und Kräutern ganz einfach herstellen können. Nach Belieben würzen und zu den Gugelhupfen servieren!

FLAMMKUCHEN-GUGEL

 6 Port.

 20 Min.

Leicht

Zutaten

280 g Schmand
2 Eier
3 EL Weizenmehl
2 EL Roggenmehl
Ggf. 1 Schuss Vollmilch
2 Zwiebeln
115 g Speckwürfel
25 ml Öl

Nährwerte pro Gugel

303 kcal
15 g Kohlenhydrate
23 g Fett
8 g Eiweiß

1 Zwiebeln schälen und fein würfeln. Speck in Öl 4 Minuten bei mittlerer Temperatur anschwitzen, dann in eine Schale geben und Schmand, Eier und beide Mehlsorten untermischen. Alles verrühren. Ggf. etwas Milch zugeben.

2 Teig auf die Form verteilen und backen.

Glutenfrei

NUTELLA-GUGELHUPFE

6 Port. 15 Min. Leicht

Zutaten

2 Eier
95 g Nutella
1 EL Haselnüsse (gemahlen)
25 g Zucker
1 TL Backkakao
70 g Margarine
75 g glutenfreies Mehl zum Backen
½ TL Backpulver

Nährwerte pro Gugel

248 kcal
25 g Kohlenhydrate
15 g Fett
4 g Eiweiß

1 Margarine und Nutella im Wasserbad erwärmen und durchrühren. Dann mit den übrigen Zutaten in einer Schale zu einem Teig verarbeiten.

2 Teig in die Form geben und backen.

Hinweis für Allergiker: Dieses Rezept enthält Haselnüsse!

SCHOKOLADEN-GUGEL

 8 Port.

 40 Min.

Leicht

Zutaten

Für den Teig:
2 Eier
65 g weiche Butter
85 g glutenfreie Mehlmischung (Reis- oder Kartoffelbasis)
1 TL Backpulver
65 g Rohrohrzucker
2 TL Backkakao
30 g Apfelmus
1 Prise Salz
30 g Schokostreusel

Für die Glasur:
95 g Zartbitterkuvertüre
95 g weiße Kuvertüre

Nährwerte pro Gugel

295 kcal
33 g Kohlenhydrate
16 g Fett
3 g Eiweiß

1 Butter mit Eiern, Zucker und Salz schaumig schlagen. Streusel, Mehl, Kakao und Backpulver vermengen und mit dem Apfelmus zur Eier-Mischung geben. Gut verrühren.

2 Teig in die Form geben und backen.

3 Kuvertüren getrennt im Wasserbad schmelzen und die Gugel jeweils in die helle oder dunkle Schokolade eintunken. 10 Minuten ins Gefrierfach stellen und genießen.

MOHN-GUGELHUPFE

15 Port.

40 Min.

Leicht

Zutaten

280 g Mohn (gemahlen)
55 g Puderzucker
7 Eier
190 g weiche Butter
170 g Zucker
1 Prise Salz
1 Msp. Zimt
1 TL Vanillezucker
140 g gemahlene Mandeln
1 EL Puderzucker für die Dekoration

Nährwerte pro Gugel

339 kcal
17 g Kohlenhydrate
25 g Fett
9 g Eiweiß

1 Eier trennen und Eiweiße mit Zucker steif schlagen. Vanillezucker, Puderzucker, Butter, Zimt und Salz aufschlagen und Eigelbe einzeln unterrühren. ⅓ vom Eischnee unterheben. Den übrigen Eischnee im Wechsel mit Mohn und Mandeln unterheben.

2 Teig in die Form geben und backen.

3 Nach dem Backen die abgekühlten Gugel mit Puderzucker bestreuen.

Hinweis für Allergiker: Dieses Rezept enthält Mandeln!

KIRSCH-HASELNUSS-GUGEL

6 Port.

30 Min.

Leicht

Zutaten

Für den Teig:
3 Eier
95 g Rohrohrzucker
6 Sauerkirschen aus dem Glas
190 g gemahlene Haselnüsse
1 TL Backpulver
1 Msp. Vanillemark
2 TL Backkakao

Für die Glasur:
80 g Zartbitterschokolade

Nährwerte pro Gugel

393 kcal
29 g Kohlenhydrate
26 g Fett
9 g Eiweiß

1 Eier und Zucker 4 Minuten aufschlagen. Trockene Zutaten vermengen und zügig unterrühren.

2 Teig in die Form füllen und pro Gugel eine Kirsche in den Teig drücken. Dann backen.

3 Die Hälfte der Schokolade im Wasserbad schmelzen, dann den Rest unterrühren, bis die gesamte Schokolade vollständig geschmolzen ist. Gugel in die Schokolade eintunken, 10 Minuten ins Gefrierfach stellen und servieren.

Hinweis für Allergiker: Dieses Rezept enthält Haselnüsse!

GESUNDE JOGHURT-GUGEL

10 Port. 30 Min. Leicht

Zutaten

Für den Teig:
2 Eier
95 g Reismehl
45 g blanchierte, gemahlene Mandeln
45 g glutenfreie Haferflocken (gemahlen) +
1 EL für die Form
45 g Tapiokastärke
1 Prise Salz
½ TL Xanthan
75 g Zucker
2 TL Apfelessig
70 g Vollmilch
110 g Naturjoghurt (3,5 % Fett)
45 g weiche Butter
Ein paar Tropfen Vanillearoma
1 TL Flohsamenschalen (gemahlen)
½ TL Natron
1 EL Backpulver

Für den Guss:
140 g gesiebter Puderzucker
Etwas Wasser
Lebensmittelfarbe n. B.

Nährwerte pro Gugel

211 kcal
37 g Kohlenhydrate
6 g Fett
3 g Eiweiß

1 Zucker und Eier aufschlagen. Trockene Zutaten vermengen, dann mit dem Joghurt zu der Eier-Mischung geben. Unter Rühren langsam Milch, Essig, Butter und Vanillearoma zufügen.

2 Teig in die gefettete und mit Haferflocken ausgestreute Form füllen und backen.

3 Etwas Wasser und Lebensmittelfarbe mit Puderzucker für den Guss verrühren, bis dieser zähflüssig ist. Gugel mit dem Guss einstreichen.

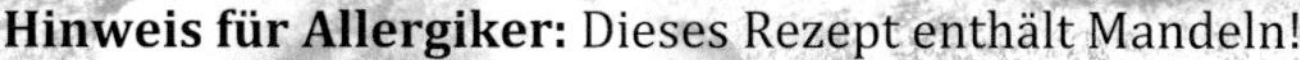

Hinweis für Allergiker: Dieses Rezept enthält Mandeln!

KOKOS-ESPRESSO-GUGEL

10 Port. 1 Std. Leicht

Zutaten

Für den Teig:
1 Espresso (30 ml)
140 g + 20 g weiche Butter
115 g Kokosblütenzucker
45 g Kokosmehl
95 g Zartbitterschokolade
95 g gemahlene Mandeln
1 Prise Salz
3 Eier
1 TL Backpulver
2 TL Backkakao

Für die Soße:
370 ml Kokosmilch
95 g Rohrohrzucker
3 TL Kokosblütensirup

Außerdem:
30 g Kokoschips

Nährwerte pro Gugel

442 kcal
29 g Kohlenhydrate
33 g Fett
7 g Eiweiß

1 Mandeln, Mehl, Kakao, Salz und Backpulver mischen. 140 g Butter, Eier und Zucker schaumig schlagen. Schokolade hacken und mit der übrigen Butter im Wasserbad schmelzen. Geschmolzene Schokolade und Espresso in die Eier-Mischung rühren. Mandel-Mischung nach und nach zugeben und alles zu einem glatten Teig verrühren.

2 Teig auf die Form verteilen und backen.

3 Für die Soße alle Zutaten im Topf aufkochen. Unter durchgehendem Rühren Soße 25 Minuten einkochen, bis sie dicklich ist.

4 Gugel mit der noch warmen Soße überziehen und mit den Kokoschips verzieren.

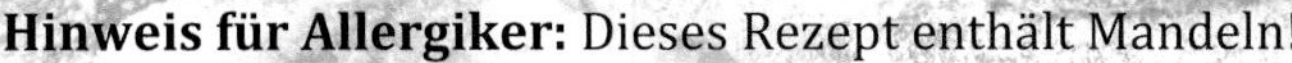

Hinweis für Allergiker: Dieses Rezept enthält Mandeln!

KLASSISCHE GUGEL MIT BLAUBEERGUSS

12 Port.

30 Min.

Leicht

Zutaten

Für den Teig:
3 Eier
1 Schuss Vollmilch
½ Vanilleschote
1 EL Backpulver
110 g Vollrohrzucker
110 g weiche Butter
230 g Kartoffelmehl (Kartoffelstärke)

Für die Glasur:
1-2 EL Heidelbeersaft
Ca. 6 EL Puderzucker

Nährwerte pro Gugel

239 kcal
27 g Kohlenhydrate
13 g Fett
4 g Eiweiß

1 Eier mit Zucker schaumig rühren. Butter zugeben und eine Weile weiter rühren. Mehl und Backpulver mischen und zum Teig geben. Vanilleschote aufschneiden, Mark herauskratzen und mit der Milch unter den Teig rühren.

2 Teig auf die Form verteilen und backen.

3 Für die Glasur beide Zutaten verrühren und Guss auf die Gugel streichen.

JOHANNISBEER-GUGELHUPFE

12 Port.

35 Min.

Leicht

Zutaten

Für den Teig:
70 g Speiseöl
95 g Puderzucker
2 Eier
70 g Naturjoghurt (3,5 % Fett)
½ Pck. Backpulver
1 Pck. Vanillezucker
165 g glutenfreie Mehlmischung (auf Reis-, Mais- oder Kartoffelbasis)

Außerdem:
1 TL glutenfreie Mehlmischung
95 g Johannisbeeren + ein paar mehr für die Dekoration

Für den Guss:
60 g Puderzucker
2 TL Apfelsaft

Nährwerte pro Gugel

176 kcal
27 g Kohlenhydrate
7 g Fett
1 g Eiweiß

1 Öl, Vanillezucker und Puderzucker aufschlagen. Eier nacheinander zugeben. Mehl mit Backpulver mischen und mit dem Joghurt zum Teig geben.

2 Teig in die Form geben. Johannisbeeren mit 1 TL Mehl vermengen und auf dem Teig verteilen, etwas eindrücken. Anschließend backen.

3 Für den Guss Saft und Puderzucker zu einer dicklichen Masse anrühren. Mit einem Messer feine Linien auf die Gugel ziehen und diese dann mit ein paar Johannisbeeren verzieren.

SÜSSE ZUCCHINI-GUGEL

12 Port. 35 Min. Leicht

Zutaten

Für den Teig:
140 g Zucchini
65 g gemahlene, blanchierte Mandeln
120 g Rohrohrzucker
1 TL Natron
210 g glutenfreie Mehlmischung
½ TL Zimt
½ TL gemahlene Flohsamenschalen
1 TL Backpulver
190 ml ungesüßte Mandelmilch
1 Prise Salz
95 ml Speiseöl
1 TL Vanillepaste

Für den Guss:
70 g Puderzucker
3 TL Zitronensaft
3 EL gehackte Pistazien

Nährwerte pro Gugel

257 kcal
33 g Kohlenhydrate
13 g Fett
3 g Eiweiß

1 Zucchini säubern und fein raspeln. Auf Küchenpapier gut ausdrücken. Mehl mit Zucker, Mandeln, Backpulver, Natron, Flohsamenschalen, Salz und Zimt mischen. Öl, Milch und Vanillepaste unterrühren, dann Zucchiniraspel unterheben.

2 Teig in die Mulden des Gugelhupf-Makers geben und backen.

3 Für den Guss Puderzucker in eine Schale sieben und mit Saft verrühren, sodass ein dicklicher Guss entsteht. Den oberen Rand der Gugelhupfe einstreichen und mit Pistazien bestreuen.

Hinweis für Allergiker: Dieses Rezept enthält Mandeln!

Traditionell

EIERLIKÖR-GUGEL

20 Port.

45 Min.

Leicht

Zutaten

4 Eier
230 g Zucker
1 ½ Pck. Vanillezucker
1 Pck. Backpulver
230 ml Eierlikör
230 g Weizenmehl + etwas für die Form
230 ml Öl

Nährwerte pro Gugel

238 kcal
25 g Kohlenhydrate
13 g Fett
3 g Eiweiß

1 Zucker, Eier und Vanillezucker aufschlagen. Eierlikör und Öl langsam zugeben. Backpulver und Mehl mischen und ebenfalls untermischen.

2 Teig auf die gefettete und mit Mehl bestäubte Form verteilen und backen.

MINI-GUGEL „RUSSISCHER ZUPFKUCHEN"

24 Port. 1 Std. Leicht

Zutaten

Für den Teig:
140 g Zartbitterschokolade
240 g weiche Butter
1 Pck. Vanillezucker
230 g Zucker
1 EL Backpulver
4 Eier
110 ml Vollmilch
320 g Weizenmehl
4 EL Backkakao

Für die Füllung:
460 g Magerquark
95 g Zucker
2 Eier
1 Pck. Vanillezucker
1 gehäufter EL Vanille-Puddingpulver

Nährwerte pro Gugel

242 kcal
30 g Kohlenhydrate
11 g Fett
6 g Eiweiß

1 Schokolade im Wasserbad schmelzen. Beide Zuckersorten mit Butter aufschlagen. Eier einzeln zugeben und jeweils 60 Sekunden unterrühren. Schokolade einrühren. Kakao, Mehl und Backpulver mischen und im Wechsel mit der Milch in den Teig rühren.

2 Für die Füllung Zucker, Vanillezucker und Eier schaumig aufschlagen. Puddingpulver sowie Quark einrühren.

3 ⅔ des Teiges auf die Form verteilen und an den Rändern etwas hochstreichen. Füllung auf dem Teig verteilen, dann den übrigen Teig auf die Füllung geben und backen.

OMA'S KLASSIKER

24 Port. 50 Min. Leicht

Zutaten

470 g Weizenmehl
4 Eier
280 g Zucker
230 g Butter
2 TL Amaretto
1 TL Backpulver
95 ml Vollmilch
1 Pck. Vanillezucker
1 EL Puderzucker für die Dekoration

Nährwerte pro Gugel

201 kcal
27 g Kohlenhydrate
9 g Fett
3 g Eiweiß

1 Butter und beide Zuckersorten verrühren. Eier einzeln unterrühren. Amaretto zugeben und alles 4 Minuten verrühren.

2 Mehl mit Backpulver vermengen und im Wechsel mit der Milch nach und nach unterrühren.

3 Teig in die Form geben und backen.

4 Abgekühlte Gugel mit Puderzucker bestäuben.

FRANKFURTER-KRANZ-GUGEL

24 Port. | 1 Std. 15 Min. | Leicht

Zutaten

Für den Teig:
230 g Zucker
1 Pck. Backpulver
5 Eier
1 Vanilleschote
½ Zitrone
230 g weiche Butter
45 g Speisestärke
230 g Weizenmehl + etwas für die Form
1 Prise Salz

Für die Füllung:
2 Pck. Vanille-Puddingpulver
1 Vanilleschote
95 g Zucker
660 ml Vollmilch
7 EL Johannisbeermarmelade
280 g weiche Butter

Für die Dekoration:
24 Kirschen
30 g Haselnusskrokant

Nährwerte pro Gugel

311 kcal
31 g Kohlenhydrate
20 g Fett
4 g Eiweiß

1 Vanilleschote aufschneiden und Mark herauskratzen. Zitrone heiß abbrausen, trockentupfen und ½ TL Schale abreiben. Beides mit Zucker und Salz vermengen. Butter aufschlagen und Zuckermischung langsam zufügen. Eier nacheinander unterrühren. Stärke, Mehl und Backpulver mischen, auf den Teig sieben und alles verrühren. Teig auf die gefettete und mit Mehl bestäubte Form verteilen und backen.

2 Für die Füllung Mark aus der Vanilleschote kratzen. 9 EL der Milch mit Puddingpulver verrühren. Übrige Milch mit Vanillemark und Zucker im Topf zum Kochen bringen. Topf von der Platte nehmen, angerührtes Puddingpulver zugeben und nochmals kurz aufkochen lassen. Pudding in eine Schale füllen, sofort mit Frischhaltefolie abdecken und abkühlen lassen.

3 Butter aufschlagen. Pudding nach und nach unterrühren. Ein Viertel der Creme abnehmen, in einen Spritzbeutel füllen und zur Seite legen.

4 Abgekühlte Gugel waagerecht durchschneiden. Die unteren Hälften mit Marmelade bestreichen. Darauf ⅔ der übrigen Füllung geben und die oberen Hälften aufsetzen.

5 Gugel rundherum mit der zur Seite gestellten Füllung einstreichen und außen und innen mit Krokant verzieren. In die Mitte je eine Kirsche setzen. Gugel über Nacht kühl stellen und am nächsten Tag servieren.

DONAUWELLEN-GUGEL

 18 Port.  50 Min.  Leicht

Zutaten

Für den dunklen Teig:
3 Eier
190 g weiche Butter
190 g Zucker
1 Prise Salz
270 g Weizenmehl + etwas Mehl für die Form
1 Pck. Backpulver
2 EL Backkakao
45 ml Vollmilch
1 Pck. Vanillezucker
140 g Zartbitterschokolade

Für die Füllung:
330 g Quark (20 % Fett)
2 Eier
1 gehäufter EL Speisestärke
95 g Zucker

Außerdem:
18 Sauerkirschen
2 EL Puderzucker

Nährwerte pro Gugel

302 kcal
40 g Kohlenhydrate
14 g Fett
7 g Eiweiß

1 Für den dunklen Teig Schokolade im Wasserbad schmelzen. Butter, beide Zuckersorten und Salz aufschlagen. Eier einzeln zugeben und weitere 3 Minuten schlagen. Mehl, Kakao, Backpulver und Milch zugeben und gut durchrühren. Zuletzt Schokolade zugeben und untermengen.

2 Für die Füllung Zucker und Eier schaumig schlagen. Stärke und Quark zugeben und unterrühren.

3 ⅔ des Schokoteiges auf die gefettete und mit Mehl bestreute Form geben. An den Rändern etwas hochziehen. Mittig in den Teig die Füllung geben und je eine Kirsche pro Gugel hineinlegen. Den restlichen Schokoteig darauf verteilen und Küchlein backen.

4 Abgekühlte Gugel mit Puderzucker bestreuen.

SANDKUCHEN-GUGEL

20 Port. 45 Min. Leicht

Zutaten

Für den Teig:
240 g Margarine
240 g Weizenmehl
4 Eier
240 g Zucker
1 Pck. Backpulver
1 Pck. Vanillezucker

Außerdem:
2 EL Semmelbrösel
2 EL Puderzucker

Nährwerte pro Gugel

176 kcal
23 g Kohlenhydrate
8 g Fett
3 g Eiweiß

1 Margarine aufschlagen. Eier zugeben und einrühren. Mehl mit Backpulver vermengen und zugeben. Beide Zuckersorten ebenfalls untermengen.

2 Teig in die gefettete und mit Semmelbröseln bestreute Form geben und backen.

3 Gugel kurz abkühlen lassen und dann mit Puderzucker bestreuen.

WIENER GUGELHUPFE

15 Port. 1 Tag Leicht

Zutaten

95 g Rosinen
45 ml Rum
2 Eiweiß
190 ml Vollmilch
75 g Mandelblättchen
½ Würfel frische Hefe
280 g Weizenmehl
95 g Zucker
120 g Butter
Abrieb einer Zitrone
1 Pck. Vanillezucker
3 Eigelb
1 EL Puderzucker

Nährwerte pro Gugel

170 kcal
31 g Kohlenhydrate
3 g Fett
4 g Eiweiß

1 Rum in eine Schale geben und Rosinen über Nacht darin einweichen.

2 95 ml Milch im Topf erwärmen. Hefe hineinbröseln und 1 TL Zucker zugeben. Mit etwas Mehl bestreuen und Hefe-Milch an einem warmen Ort 35 Minuten ruhen lassen.

3 45 g Zucker, Butter und Vanillezucker aufschlagen. Eigelbe einzeln zugeben, dann das restliche Mehl, die übrige Milch, die Hefe-Milch, die abgetropfte Rosinen und den Zitronenabrieb zufügen und alles zu einem Teig verarbeiten. Eiweiß und übrigen Zucker zu Eischnee aufschlagen und unterheben.

4 Teig in die gefettete und mit grob gehackten Mandelblättchen ausgestreute Form geben, abdecken und an einem warmen Ort 60 Minuten ruhen lassen.

5 Gugelhupfe backen, 10 Minuten abkühlen lassen und mit Puderzucker bestäuben.

Hinweis für Allergiker: Dieses Rezept enthält Mandeln!

SAFTIGE APFEL-GUGELHUPFE

24 Port. 45 Min. Leicht

Zutaten

140 g weiche Butter
350 g Weizenmehl
190 g Apfelmus
140 g Zucker
2 Eier
1 TL Zimt
1 Pck. Backpulver
140 ml Schlagsahne
1 Pck. Vanillezucker
1 EL Puderzucker für die Dekoration

Nährwerte pro Gugel

152 kcal
19 g Kohlenhydrate
7 g Fett
2 g Eiweiß

1 Zucker, Butter und Vanillezucker aufschlagen. Eier einzeln zugeben und unterrühren, dann Apfelmus zufügen. Mehl, Zimt und Backpulver mischen und im Wechsel mit der Sahne unterrühren.

2 Teig in die Form geben und backen.

3 Abgekühlte Gugel mit Puderzucker bestreuen.

Für Kinder

SMARTIES-GUGELHUPFE

6 Port. 15 Min. Leicht

Zutaten

75 g Weizenmehl
1 Pck. Vanillezucker
45 g Zucker
45 g Butter
1 EL Schlagsahne
1 Ei
60 g Mini-Smarties

Nährwerte pro Gugel

201 kcal
25 g Kohlenhydrate
10 g Fett
3 g Eiweiß

1 Beide Zuckersorten mit Butter eine Weile aufschlagen. Ei unterrühren und Mehl unterheben. Sahne steif schlagen und mit den Smarties unter den Teig heben.

2 Teig auf die Form verteilen und backen.

AMEISEN-GUGEL

6 Port. 15 Min. Leicht

Zutaten

45 g weiche Margarine
45 g Schokostreusel
2 Eier
75 g Zucker
75 g Weizenmehl
½ TL Backpulver
1 Pck. Vanillezucker
1 TL Puderzucker für die Dekoration

Nährwerte pro Gugel

196 kcal
29 g Kohlenhydrate
7 g Fett
4 g Eiweiß

1 Eier, Margarine, Zucker und Vanillezucker aufschlagen. Mehl und Backpulver nach und nach unterrühren. Streusel unterheben.

2 Teig in den Gugel-Maker geben und backen. Kurz abkühlen lassen und mit Puderzucker bestäuben.

GUGEL MIT KINDER-RIEGEL

6 Port.

25 Min.

Leicht

Zutaten

6 Kinder-Riegel
45 g Zucker
2 TL Backkakao
95 g Weizenmehl
2 Eier
45 g weiche Butter
1 TL Backpulver
45 g weiße Schokolade

Nährwerte pro Gugel

271 kcal
35 g Kohlenhydrate
12 g Fett
6 g Eiweiß

1 4 Kinder-Riegel hacken. Zucker mit Butter aufschlagen. Eier nacheinander zugeben und unterrühren. Backpulver, Mehl und Kakao zugeben und zu einem glatten Teig rühren. Gehackte Riegel unterheben.

2 Teig in die Form füllen und Gugel backen.

3 Weiße Schokolade hacken und im Wasserbad schmelzen. Übrige Riegel hacken. Schokolade auf die abgekühlten Gugel streichen und mit den gehackten Kinder-Riegeln garnieren.

SCHOKO-GUGEL MIT MARSHMALLOW-TOPPING

6 Port. | 2 Std. 5 Min. | Mittel

Zutaten

Für den Teig:
45 g Butter
1 Ei
55 g Weizenmehl
1 Msp. Backpulver
1 Prise Salz
55 g brauner Zucker
45 ml Vollmilch
1 EL Backkakao
1 Prise gemahlene Vanille

Für das Topping:
2 Eiweiß
100 g Zucker
1 TL Pflanzenöl
95 g Vollmilchschokolade

Nährwerte pro Gugel

303 kcal
43 g Kohlenhydrate
13 g Fett
5 g Eiweiß

1 Zucker mit Butter verrühren. Ei zugeben und weiterrühren. Kakao, Vanille, Mehl, Backpulver und Salz vermengen, mit der Milch zum Teig geben und alles gut verrühren.

2 Teig in einen Spritzbeutel geben und damit die Mulden der Form befüllen. Anschließend backen.

3 Für das Topping Zucker mit Eiweiß mit einem Schneebesen verquirlen. Schale in ein heißes Wasserbad stellen und Zucker unter Rühren zum Schmelzen bringen. Dann aus dem Wasserbad nehmen und die Masse ganz steif und fluffig aufschlagen. Dann abkühlen lassen.

4 Marshmallow-Masse in einen Spritzbeutel füllen und in die Mulden auf die Gugel spritzen. Sobald die Gugel gefüllt sind, Spritzbeutel etwas anheben, wieder senken und etwas von der Masse auf die Küchlein spritzen. Vorgang noch einmal wiederholen, sodass kleine Türmchen auf den Gugelhupfen entsteht, bei denen die einzelnen Ränder der Tupfer erkennbar sind. Gugel 30 Minuten zur Seite stellen.

5 Schokolade im Wasserbad schmelzen und Öl unterrühren. Schokolade in ein kleines, dünnes Gefäß umfüllen und die Gugel kurz kopfüber eintunken und abtropfen lassen, sodass die Marshmallow-Creme mit Schokolade bedeckt ist. Bis zum Verzehr kühl stellen.

BUNTE GLITZER-GUGELHUPFE

15 Port.

1 Std. 10 Min.

Leicht

Zutaten

Für den Teig:
240 g Weizenmehl
2 Eier
45 g Haferflocken
2 reife Bananen
140 g Erdbeerjoghurt
45 g Zucker
70 g weiche Butter
1 Pck. Vanillezucker
1 Pck. Backpulver
3 Lebensmittelfarben n. B. (Pulver)

Für das Topping:
140 g weiße Kuvertüre
3 EL Einhorn-Glitzer-Erdbeerzauber (oder andere Streusel)

Nährwerte pro Gugel

214 kcal
30 g Kohlenhydrate
9 g Fett
4 g Eiweiß

1 Bananen mit einer Gabel zerdrücken. Mit Joghurt verrühren, dann Eier und Butter kurz untermischen. Haferflocken, Mehl, beide Zuckersorten und Backpulver vermengen und kurz unter den Teig rühren.

2 Teig in drei Teile aufteilen und jeden Teil unterschiedlich einfärben. Anschließend die eingefärbten Teige auf die Form verteilen, ob einfarbig, bunt geschichtet oder marmoriert. Dann backen.

3 Für das Topping Kuvertüre im Wasserbad schmelzen. Glitzerzucker in eine kleine Schale geben, die einen größeren Durchmesser als die Mini-Gugel hat. Abgekühlte Gugel erst in die Kuvertüre eintunken, abtropfen lassen und dann kurz in den Zucker tunken. 10 Minuten ins Gefrierfach stellen und genießen.

HALLOWEEN-MINI-GUGEL

 10 Port.

 1 Std.

 Mittel

Zutaten

Für den Teig:
120 g pürierter Kürbis
45 g Öl
1 Ei
85 g Zucker
25 g Herbstzucker (oder normaler Zucker)
1 Prise Salz
80 g Weizenmehl
20 g Buchweizenmehl
35 g gemahlene Haselnüsse
2 TL Backkakao
1 TL Backpulver

Für die Ganache:
70 g Schlagsahne
280 g weiße Kuvertüre
Etwas orange Lebensmittelfarbe (Pulver)

Für die Dekoration:
1 TL Puderzucker
½ TL Wasser
Etwas grüne Lebensmittelfarbe (Pulver)
Etwas weißen Fondant

Nährwerte pro Gugel

368 kcal
40 g Kohlenhydrate
21 g Fett
5 g Eiweiß

1 Beide Zuckersorten, Salz und das Ei 3 Minuten aufschlagen. Öl und Kürbispüree zugeben. Beide Mehlsorten mit Nüssen, Kakao und Backpulver vermengen und unter den Teig rühren.

2 Teig in die Form geben und backen.

3 Für die Ganache Kuvertüre hacken und Sahne mit der Lebensmittelfarbe verrühren. Sahne im Topf kurz aufkochen, dann zu der Kuvertüre geben und so lange rühren, bis letztere vollständig geschmolzen ist. Abgekühlte Gugel mit der Ganache überziehen. Im Kühlschrank erhärten lassen.

4 Wasser mit Puderzucker verrühren und grüne Farbe untermischen. Fondant kurz durchkneten, dann mit der Farbe einfärben. Aus dem Fondant kleine Blätter, Stiele und Ranken formen und auf den Mini-Gugeln anbringen, sodass diese am Ende wie Kürbisse aussehen.

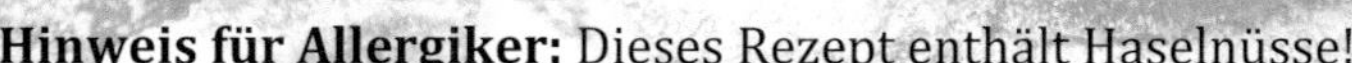

Hinweis für Allergiker: Dieses Rezept enthält Haselnüsse!

KONFETTI-GUGELHUPFE

12 Port.

50 Min.

Leicht

Zutaten

140 g weiche Butter
120 g Zucker
2 Eier
1 Prise Salz
140 g Weizenmehl
1 Zitrone
140 g Sahnejoghurt
1 TL Backpulver
45 g bunte Zuckerstreusel
95 g Puderzucker

Nährwerte pro Gugel

239 kcal
32 g Kohlenhydrate
11 g Fett
3 g Eiweiß

1 Butter mit Zucker und Salz aufschlagen. Eier einzeln unterrühren. Zitrone heiß abwaschen, trockentupfen, die Schale abreiben und den Saft auspressen. 2 TL Zitronensaft für den Guss später abnehmen und zur Seite stellen. Den übrigen Saft, den Zitronenabrieb und den Joghurt unter den Teig rühren. Mehl und Backpulver vermengen und zugeben. Die Hälfte der Streusel unterheben.

2 Teig in die Form geben und backen.

3 Puderzucker und zur Seite gestellten Zitronensaft verrühren. Damit die Gugel überziehen und mit den restlichen Streuseln verzieren.

SAFTIGE BROWNIE-GUGEL

24 Port. 1 Std. 10 Min. Leicht

Zutaten

55 g Vollmilchkuvertüre
75 g Backkakao
140 g Rohrzucker
240 g Weizenmehl
220 g Puderzucker
55 ml kochendes Wasser
200 g Zucker
4 Eier
110 g gehackte Walnüsse
260 g weiche Butter
1 EL Zimt
½ TL Salz
1 TL Vanillearoma
2 EL Schokoraspel

Nährwerte pro Gugel

272 kcal
35 g Kohlenhydrate
19 g Fett
5 g Eiweiß

1 Kuvertüre hacken, mit Wasser übergießen und so lange durchrühren, bis die Schokolade aufgelöst ist.

2 Puderzucker, Mehl, Kakao, Salz und Zimt mischen. Beide Zuckersorten mit Vanillearoma und Butter in einer weiteren Schale schaumig schlagen. Eier nacheinander zugeben und untermengen. Schokolade unterrühren, dann Nüsse und Mehlmischung kurz unterheben.

3 Teig in die Form geben und backen.

4 Warme Gugel mit Schokoraspeln bestreuen.

Hinweis für Allergiker: Dieses Rezept enthält Walnüsse!

KLASSISCHE GUGEL MIT ZUCKERGLASUR UND STREUSELN

15 Port.

50 Min.

Leicht

Zutaten

Für den Teig:
140 g weiche Butter
95 g Zucker
230 g Weizenmehl
1 TL Backpulver
1 Prise Salz
3 Eier
3 EL Vollmilch

Für den Guss:
120 g Puderzucker
1-2 EL Zitronensaft
20 g Zuckerstreusel

Nährwerte pro Gugel

199 kcal
28 g Kohlenhydrate
9 g Fett
3 g Eiweiß

1 Zucker, Salz und Butter verrühren. Eier einzeln unterrühren, dann Backpulver und Mehl darübersieben. Milch zufügen und alles gut verrühren.

2 Teig in die Form geben und backen.

3 Puderzucker und Zitronensaft mischen und als Guss auf die abgekühlten Gugel streichen. Streusel darüberstreuen.

Diät und Fitness

BANANEN-GUGELHUPFE OHNE ZUCKER

 6 Port.  15 Min.  Leicht

Zutaten

2 reife Bananen
1 Ei
95 g Dinkelmehl
1 TL Zimt
55 g Haselnüsse (gemahlen)
95 g Apfelmus (ungezuckert)
1 TL Backpulver

Nährwerte pro Gugel

173 kcal
24 g Kohlenhydrate
7 g Fett
5 g Eiweiß

1 Bananen mit einer Gabel zerdrücken. Apfelmus und Ei zugeben. Mehl, Backpulver, Zimt und Nüsse vermengen, zu der Bananenmischung geben und alles verrühren.

2 Teig in die Form geben und backen.

Hinweis für Allergiker: Dieses Rezept enthält Haselnüsse!

LEICHTE AMARETTINI-GUGEL

6 Port. 15 Min. Leicht

Zutaten

25 g Amarettini
45 g Erythrit
3 Eiweiß
1 Prise Salz
45 g Halbfettbutter
95 g Weizenmehl
½ TL Backpulver
1 TL Süßstoff
1 EL Zartbitterraspel
2 TL Mandelsirup (zuckerfrei) oder Ahornsirup

Nährwerte pro Gugel

121 kcal
26 g Kohlenhydrate
3 g Fett
4 g Eiweiß

1 Butter schmelzen. Amarettini grob mit einem Nudelholz zerkleinern. Eiweiß mit Salz steif schlagen. Erythrit dabei einrieseln lassen und danach 60 Sekunden weiterschlagen. Mehl und Backpulver darüber sieben und kurz unterrühren. Süßstoff, Sirup, Butter, Amarettini und Raspelschokolade kurz untermengen.

2 Teig in die Form füllen und backen. Nach Belieben verzieren.

NUSS-GUGEL

10 Port. 30 Min. Leicht

Zutaten

Für den Teig:
4 Eier
140 g Haselnüsse (gemahlen)
1 TL Zimt
1 TL Backpulver
95 g Xylit-Puderzucker
2 TL Backkakao
1 Prise Salz

Für den Guss:
2 TL Kokosöl
190 g Zartbitterkuvertüre

Außerdem:
2 EL Haselnüsse (gemahlen) für die Form
½ TL Zimt

Nährwerte pro Gugel

259 kcal
22 g Kohlenhydrate
20 g Fett
6 g Eiweiß

1 Eier trennen und Eigelbe mit Xylit aufschlagen. Haselnüsse, Kakao, Zimt und Backpulver unterrühren. Salz und Eiweiß steif schlagen und unter den Teig heben.

2 Masse in die gefettete und mit gemahlenen Haselnüssen eingestreute Form füllen und backen.

3 Kuvertüre hacken und mit dem Öl im Wasserbad schmelzen. Damit die abgekühlten Gugelhupfe überziehen. Mit etwas Zimt bestäuben.

Hinweis für Allergiker: Dieses Rezept enthält Haselnüsse!

ZUCKERFREIE VANILLE-GUGEL

10 Port.

25 Min.

Leicht

Zutaten

95 g Weizenmehl
95 g Dinkelmehl
1 Pck. Backpulver
25 g mildes Olivenöl
95 g Apfelmus (zuckerfrei)
Mark von 2 Vanilleschoten
95 g Erythrit
140 ml Mineralwasser
Saft und Abrieb einer Zitrone

Nährwerte pro Gugel

95 kcal
25 g Kohlenhydrate
3 g Fett
2 g Eiweiß

1 Beide Mehlsorten, Erythrit und Backpulver vermengen. Apfelmus, Zitronensaft und -abrieb, Vanillemark und Öl in einer weiteren Schale verrühren. Mineralwasser zu den flüssigen Zutaten geben, ohne es unterzurühren! Mehl-Mischung langsam und kurz untermischen.

2 Teig in den Gugelhupf-Maker geben und backen.

Tipp: Die Vanille-Gugel schmecken toll zu frischen Früchten oder Beeren.

LOW FAT SKYR-BLAUBEER-GUGEL

6 Port. 15 Min. Leicht

Zutaten

95 g Skyr (Natur)
55 g Kokosmehl
1 Ei
1 TL Backpulver
25 g weißer Rohrohrzucker
15 g Kokosraspel
1 Schuss H-Milch
6 Blaubeeren

Nährwerte pro Gugel

90 kcal
7 g Kohlenhydrate
4 g Fett
5 g Eiweiß

1 Kokosraspel mit Mehl und Backpulver vermengen. Zucker und Ei separat gut aufschlagen. Skyr, Milch und Mehlmischung im Wechsel unterrühren.

2 Teig auf die Form verteilen und in jeden Gugelhupf eine Blaubeere drücken. Dann backen.

PROTEIN-HASELNUSS-GUGEL

6 Port.

15 Min.

Leicht

Zutaten

3 Eier
65 g Zucker
2 EL Weizen-Vollkornmehl
115 ml H-Milch
1 EL Kokosöl
45 g Proteinpulver, Haselnuss

Nährwerte pro Gugel

151 kcal
19 g Kohlenhydrate
6 g Fett
6 g Eiweiß

1 Eier trennen und Eiweiß steif schlagen. Zucker und Eigelbe schaumig rühren, dann Proteinpulver untermischen. Milch, Öl und Mehl zugeben und Eischnee unterheben.

2 Teig auf die Form verteilen und backen.

Hinweis für Allergiker: Dieses Rezept enthält Haselnüsse!

LOW-CARB PROTEIN-ERDBEER-GUGEL

6 Port.

15 Min.

Leicht

Zutaten

95 g Erdbeeren (fein gewürfelt)
95 g Xylit
4 Eier
1 TL Vanillearoma
95 g entöltes helles Mandelmehl
110 g weiche Halbfettbutter
1 EL Backpulver

Nährwerte pro Gugel

177 kcal
2 g Kohlenhydrate
9 g Fett
10 g Eiweiß

1 Erdbeeren säubern, Strünke entfernen und die Beeren sehr klein schneiden. Butter mit Xylit aufschlagen. Eier nacheinander zugeben, dann Vanillearoma unterrühren. Mehl und Backpulver mischen, auf den Teig sieben und unterrühren. Erdbeeren unterheben.

2 Teig in die Form geben und backen.

Hinweis für Allergiker: Dieses Rezept enthält Mandeln!

LOW CARB SPEKULATIUS-GUGEL

18 Port. 40 Min. Leicht

Zutaten

Für den Teig:
280 g weiche Halbfett-butter
4 Eier
240 g entöltes Nussmehl (z. B. Mandelmehl)
1 EL Backpulver
280 g Xylit
1 TL Guarkernmehl
1 Prise Salz
15 g Kartoffelfasern
1 EL Spekulatiusgewürz

Für die Glasur:
1 Eiweiß
Ca. 3 TL Zitronensaft
120-150 g Puderxylit

Nährwerte pro Gugel

135 kcal
9 g Kohlenhydrate
6 g Fett
7 g Eiweiß

1 Butter mit Xylit und Eiern aufschlagen. Beide Mehlsorten, Salz, Backpulver, Kartoffelfasern und Spekulatiusgewürz mischen und unter den Teig geben.

2 Gugelhupf-Maker-Formen befüllen und Gugel backen.

3 Für die Glasur Eiweiß steif schlagen und dabei langsam Puderxylit und Zitronensaft unterrühren. Abgekühlte Gugel damit einstreichen.

Hinweis für Allergiker: Dieses Rezept enthält Nüsse!